출근길 100일 큐티

전도서와 잠언에서 찾은 일과 삶의 지혜

오대희 지음

생명의말씀사

출근길 100일 큐티

ⓒ 생명의말씀사 2025

2025년 10월 20일 1판 1쇄 발행

펴낸이 | 김창영
펴낸곳 | 생명의말씀사

등록 | 1962. 1. 10. No.300-1962-1
주소 | 서울시 종로구 경희궁1길 6(03176)
전화 | 02)738-6555(본사) · 02)3159-7979(영업)
팩스 | 02)739-3824(본사) · 080-022-8585(영업)

지은이 | 오대희

기획 편집 | 이주나
디자인 | 박소정
인쇄 | 영진문원
제본 | 다온바인텍

ISBN 978-89-04-16938-2 (03230)

저작권자의 허락 없이 이 책의 일부 또는 전체를
무단 복제, 전재, 발췌하면 저작권법에 의해 처벌을 받습니다.

출근길 100일 큐티

전도서와 잠언에서 찾은 일과 삶의 지혜

100 days QT check

100일의 출근길 묵상 기록이 쌓여 좋은 습관이 됩니다

01	02	03	04	05	06	07	08	09	10
11	12	13	14	15	16	17	18	19	20
21	22	23	24	25	26	27	28	29	30
31	32	33	34	35	36	37	38	39	40
41	42	43	44	45	46	47	48	49	50
51	52	53	54	55	56	57	58	59	60
61	62	63	64	65	66	67	68	69	70
71	72	73	74	75	76	77	78	79	80
81	82	83	84	85	86	87	88	89	90
91	92	93	94	95	96	97	98	99	100

contents

프롤로그

- 001 오늘의 일을 주님께 맡길 때
- 002 일의 무게를 짊어진 사람의 고백
- 003 변하는 환경, 변하지 않는 하나님의 주권
- 004 채워도 채워지지 않는 성취
- 005 익숙함을 넘어, 새로운 길로
- 006 결국 기억되지 않는 이름들 앞에서
- 007 내가 통제할 수 없는 일들
- 008 지혜의 유익과 한계
- 009 절제된 즐거움이 주는 깊은 행복
- 010 무엇을 남기고 떠날 것인가
- 011 자기 마음을 먼저 다스리는 사람
- 012 행복은 단순한 일상 루틴 속에 있다
- 013 하나님이 주시는 선물
- 014 모든 일에는 때가 있다
- 015 영원을 그리워하는 마음
- 016 기뻐하라, 그리고 선을 행하라
- 017 작은 쉼, 큰 은혜
- 018 유한한 하루, 영원하신 하나님
- 019 실패 위에 다시 열린 길
- 020 즐겁게 일하는 큰 복
- 021 성실, 가장 오래 남는 자산
- 022 위로자가 없는 시대

023	오늘 내게 주신 분복
024	한 손은 비워 두는 지혜
025	성공했지만 행복하지 않은 사람
026	넘어진 인생을 일으켜 줄 한 사람
027	따뜻함을 나누는 팀워크
028	세 겹줄이 끊어지지 않는 이유
029	하나님 앞에서 한 약속, 서원
030	삶은 결국 행동으로 증명된다
031	자기 일에 능숙한 사람
032	돈이 줄 수 없는 행복
033	돈, 유익과 한계 사이
034	돈은 근심을 동반한다
035	소유의 무게, 누림의 한계
036	일할 힘도, 누릴 마음도 은혜다
037	지금, 여기서
038	행복은 누리는 것
039	오래 살아도 행복하지 않다면
040	누림의 한계
041	좋은 동료가 성공을 만든다
042	행복이 무엇인지 모르는 사람들
043	좋은 이름은 시간이 지날수록 빛을 발한다
044	마지막을 기억하며 오늘을 살라
045	지혜자의 책망을 듣는 것
046	지혜를 지켜내는 법
047	마무리가 아름다운 인생
048	하나님의 행하심을 깊이 생각하라

contents

- 049 형통한 날, 곤고한 날
- 050 경외, 인생의 중심을 잡다
- 051 살피는 눈, 책임지는 마음
- 052 남의 말에 너무 마음 두지 말라
- 053 단순한 길, 정직한 길
- 054 따뜻한 미소와 유순한 말
- 055 분별하고 판단하는 힘
- 056 복은 흘러가야 한다
- 057 주신 이도, 거두신 이도
- 058 무엇을 위해, 누구를 위해 선택할까
- 059 회개가 삶을 새롭게 한다
- 060 복잡한 인생, 단순한 기쁨
- 061 쉽게 얻은 성과는 오래 가지 않는다
- 062 하나님이 하시는 일
- 063 모든 것이 하나님 손에
- 064 끝을 의식하는 태도
- 065 오늘이라는 축복
- 066 품격 있는 삶
- 067 함께 걷는 삶
- 068 힘을 다해 일하라
- 069 시기와 기회
- 070 예기치 못한 변수, 지혜로운 대비
- 071 선한 말은 꿀송이 같아서
- 072 잊힌 지혜자
- 073 직책과 자리가 주는 무게
- 074 끝까지 향기 나는 사람

- 075 마음의 방향이 인생을 결정한다
- 076 공손함이라는 힘
- 077 지도자의 허물, 모두의 짐
- 078 하나님이 세우시는 사람
- 079 내 삶을 안전하고 복되게 하는 길
- 080 무뎌진 도구를 날카롭게
- 081 친절함은 결국 나를 살린다
- 082 타이밍을 읽는 능력
- 083 지혜로운 말은 은혜를 남긴다
- 084 책임과 절제의 사람
- 085 작은 틈을 고치는 지혜
- 086 말의 힘
- 087 믿음의 투자가 가장 확실하다
- 088 분산의 지혜
- 089 지혜로운 대비
- 090 오늘의 작은 파종
- 091 정직한 자를 형통케 하신다
- 092 보이지 않는 손길을 신뢰하며
- 093 수고 위에 잘되게 하시는 하나님
- 094 모든 것이 은혜
- 095 인생을 잘 사는 법
- 096 너의 창조주를 기억하라
- 097 지금이 소중하다
- 098 달려갈 길을 다 마칠 때
- 099 말씀은 잘 박힌 못과 같아서
- 100 마지막 당부

프롤로그

왜 일하는가
무엇을 위해 사는가

일은 삶의 대부분을 차지한다. 매일 아침 출근해서 하루를 열고, 숫자와 보고서, 회의와 마감 속에서 하루가 흘러간다. 가족을 책임지고, 자기 삶을 세우면서도 신앙인으로 바로 서려고 애쓴다.

그런데 일의 세계는 만만하지 않다. 열심히 해도 버겁고, 성실해도 인정받지 못할 때가 있다. 그렇다고 멈출 수는 없다. 믿음을 잃지 않고, 말씀을 붙들고, 오늘도 일터에서 버티고 나아가야 한다.

《출근길 100일 큐티》는 전도서와 잠언을 중심으로 구성했다. 전도서는 잠언과 더불어 인생의 지혜를 알려 주는 책이다. 전도서는 인생의 근본적인 질문을 많이 다룬다. 솔로몬은 누구보다 많은 일을 이루고 경험한 경영자였다. 부와 명예, 권력과 성취를 모두 맛본 그가 남긴 기록 속에는 일과 인생을 꿰뚫는 통찰이 있다.

이 책은 그 지혜를 오늘의 일터에 가져와, 바쁜 직장인들이 하루 10분이라도 말씀 앞에 서도록 돕기 위해 쓰였다. 직장생활과 사업, 다양한 일을 통해 우리는 삶을 이어간다. 그런데 일이 바쁘다는 이유로 믿음을 뒤로 미루기 쉽다. 전도서는 묻는다. 왜 일하는가, 무엇을 위해 사는가.

이 질문 앞에 서면, 단순히 성공을 넘어 하나님을 경외하며 일하는 삶이 진짜 지혜라는 사실을 보게 된다. 그래서 성경은 말한다.

"너는 마음을 다하여 여호와를 신뢰하고 네 명철을 의지하지 말라 너는 범사에 그를 인정하라 그리하면 네 길을 지도하시리라"(잠 3:5-6).

성경 속 믿음의 인물들도 각자 자리에서 최선을 다했다. 요셉은 나라를 살렸고, 다니엘은 제국을 다스렸다. 아브라함과 이삭은 부를 얻었지만 그것을 자기만을 위해 쓰지 않았다. 그들의 공통점은 하나였다. 일을 통해 하나님께 영광을 돌렸다는 것이다.

이 책은 아침 출근길이나 퇴근 후, 잠시라도 말씀을 곱씹으며 일과 신앙을 점검하도록 돕고자 한다. 성과와 불안, 관계와 책임, 성공과 허무, 직장인의 모든 주제를 전도서의 지혜 안에서 풀어 갈 것이다. 더불어 일에 관해 중요하게 적용할 수 있는 성경의 다른 본문들도 함께 살폈다.

직업은 생계를 위한 자리에 그치지 않는다. 하나님은 일터를 사명의 자리로 부르셨다. 오늘의 성실한 업무, 작은 선택 하나, 정직한 태도와 배려가 하나님 나라를 세워 간다.

이 책을 통해 성경에 담긴 일과 삶의 원칙을 날마다 점검하고, 하나님의 방법으로 일하며 살아가는 법을 배우는 기회가 되기를 바란다. 또한 신실한 하나님의 사람으로 자라가는 데 작은 길잡이기를 소망한다.

하나님은 우리 각자에게 사명을 주셨다. 그 사명은 단순히 생계를 위한 것이 아니라, 하나님의 영광을 드러내고 세상에 선한 영향력을 남기는 것이다. 우리의 일터는 그저 생계의 수단이 아니라, 하나님의 영광을 나타내고 복음을 전하는 통로다.

하나님의 뜻에 따라 바르게 일하고 살아가는 데 이 책이 도움이 되기를 기도한다. 그렇게 믿음과 삶의 지혜를 품은 사람들이 오늘도 일터에서, 그리고 삶의 자리에서 세워지기를 바란다.

오대희

001

오늘의 일을 주님께 맡길 때

오늘의 말씀 잠언 16장 3절
너의 행사를 여호와께 맡기라 그리하면 네가 경영하는 것이 이루어지리라

일상을 살아가다 보면 맡긴다는 것만큼 어려운 일도 없음을 알게 된다. 근심 걱정이 밀려올 때마다 하나님께 맡긴다고 기도하지만, 막상 기도가 끝나고 돌아서면 여전히 문제를 그대로 안고 있는 나를 발견한다.

나의 모든 행사를 하나님께 맡긴다고 할 때, 진정으로 하나님께 맡기는 것이 무엇인지를 명확하게 이해할 필요가 있다. 무엇보다 먼저, 나의 걱정과 두려움을 하나님 앞에 내려놓는 것이다. 스스로 해결하려 애쓰기보다 기도로 하나님께 고백하고 신뢰해야 한다. 걱정이 밀려올 때, 마음이 불안할 때, 확신이 생기지 않을 때마다 기도하며 성령님이 주시는 평안을 기다려야 한다.

나의 계획과 인생의 방향을 하나님의 뜻에 맡기는 것도 중요하다. 내 생각대로 계획을 세워 놓고 하나님께 그것을 이루어 달라고 요청하기보다, 하나님이 어떻게 이끌어 가시는지를 민감하게 살펴야 한다. 삶의 주도권이 나에게 있는 것이 아니라 하나님께 있다는 사실을 인정하는 것이 맡김의 시작이다.

때로 감정적으로 힘들 때, 누군가에게 보복하고 싶은 마음이 들 때도 있다. 그 감정조차 하나님께 맡겨야 한다. 억울한 상황, 참기 어려운 감정, 원망이 가득할 때에도 하나님께 맡기고 내려놓아야 한다.

하나님은 모든 것을 아시는 분이며, 공의롭게 갚아 주시는 분이다. 우리가 하나님의 자녀라면 하나님은 우리의 억울함을 외면하지 않으신다.

삶의 모든 순간에 하나님께 묻고 의지하는 태도 역시 맡김의 본질이다. 하나님은 선하신 아버지이시며, 우리가 의뢰할 때 필요한 지혜와 방법을 알려 주신다. 당장 답을 얻지 못하더라도 하나님은 환경을 바꾸시거나 사람을 보내시거나 우리가 미처 생각하지 못한 방식으로 길을 열어 가신다.

맡긴다는 말은 결과까지도 하나님 손에 올려드리는 것을 포함한다. 하나님은 우리 삶의 주권자이시며 우리는 그분의 청지기다. 청지기는 스스로 문제를 해결하지 않는다. 주권자에게 의논하고 그분의 뜻을 따라 움직인다. 삶이 어려울수록, 마음의 짐이 무거울수록 믿음은 약해지고 하나님께 맡기는 일이 더 힘들게 느껴진다. 그러나 기도로 맡기는 훈련을 계속하다 보면 하나님이 응답해 주시는 놀라운 은혜를 경험하게 될 것이다.

묵상을 위한 질문
중요한 결정을 앞두고 있을 때, 나는 정말 하나님께 기도하며 맡기고 있는가?
지금 내 삶이나 일터에서 하나님께 온전히 맡겨야 할 부분은 무엇인가?

오늘의 기도
오늘 제게 주신 일을 주님께 맡기며 제 지혜와 능력이 아닌 주님의 인도하심을 구합니다. 어려운 순간마다 주님을 의지하게 하시고, 불안과 걱정 대신 주님 주신 평안을 누리게 하소서.

일의 무게를 짊어진 사람의 고백

오늘의 말씀 전도서 1장 1절
다윗의 아들 예루살렘 왕 전도자의 말씀이라

'전도자'라는 말에는 군중을 모아 지혜를 가르치는 자라는 뜻이 담겨 있다. 인생을 먼저 살아 보면서 많은 것을 경험하고 깨달았거나, 다른 사람보다 탁월한 지혜를 가지고 있어서 그 지혜를 공적으로 나누려는 사람을 전도자라 부른다.

전도서는 인생의 본질과 의미를 탐구하는 책이다. 저자는 다윗의 아들 솔로몬으로, 이스라엘 역사상 가장 지혜롭고 부유한 왕이었다. 하나님은 그에게 전무후무한 지혜를 주셨다(왕상 3:12). 그는 지혜로 나라를 부강하게 했으며, 사람들이 누리고자 하는 모든 것을 누려 본 인물이었다. 그 후에 그는 인생의 깨달음을 전해 주기 위해 전도서를 기록했다.

전도자가 전도서 서두에서 한 말은 "헛되고 헛되며 헛되고 헛되니 모든 것이 헛되도다"(전 1:2)이다. 성경에서 단어를 반복하는 것은 강조를 위한 것이며, 그것도 네 번씩 반복한다는 건 아주 강한 강조. 솔로몬은 인생이 허무함 그 자체라고 선언하고 있다.

솔로몬처럼 모든 것을 다 누려 본 사람이 인생은 헛되다고 말할 때, 우리같이 평범하게 살아가던 사람들은 공감하기 어렵다. 이제 막 목표를 향해 달려가려는 사람에게 그런 말은 의욕을 상실하게 만드는 이야기처럼 들릴 수도 있다.

그렇다면 왜 솔로몬은 전도서의 첫머리에서 인생이 허무하다고 선언했을까? 그것은 허무한 인생 속에서 허무하지 않은 것을, 의미 없는 것들 속에서 의미 있는 것을, 영원하지 않은 것들 속에서 영원한 것을 찾으라는 과제를 우리에게 던지기 위함이다. 그는 세상의 모든 것을 경험했지만, 결국 이 땅에서 이루어지는 것들은 모두 영원하지 않다는 사실을 깨달았다. 지혜도, 부도, 명예도, 권력도 오래가지 않았다. 그리고 결국 인간은 죽는다. 그 앞에서 모든 성취와 성공도 끝이 난다.

그 모든 것을 경험한 솔로몬의 마지막 결론은 이것이다.

"하나님을 경외하고 그의 명령들을 지킬지어다 이것이 모든 사람의 본분이니라"(전 12:13).

우리의 삶은 반드시 하나님 안에서 해석되고 설명되어야 한다. 천국을 준비하지 않고, 하나님을 바르게 섬기지 못한 채 얻는 모든 성공은 그저 바람을 잡는 일일 뿐이다. 이 땅의 성공은 결코 전부가 아니다. 돈, 권력, 명예는 결국 사라진다. 인생의 가치는 오직 하나님 안에서 찾아야 한다. 솔로몬은 그것이 가장 큰 지혜임을 고백한다.

묵상을 위한 질문
일과 삶에서 나는 무엇을 가장 가치 있게 여기는가?
일하는 중에 일어나는 결정 속에서 하나님의 뜻을 구하며 살아가고 있는가?

오늘의 기도
잠시 있다 사라질 성공이 아니라, 영원한 가치를 붙드는 사람이 되게 하소서. 오늘도 일터에서 하나님의 뜻을 따르게 하시고, 일을 통해서 주님을 예배하게 하소서.

변하는 환경, 변하지 않는 하나님의 주권

오늘의 말씀 전도서 1장 3절
한 세대는 가고 한 세대는 오되 땅은 영원히 있도다

우리는 시간 속에서 태어나고, 시간 속에서 살다가 결국 시간 속에서 죽는다. 시간은 이 땅에서 우리의 존재 전반을 설명한다. 시간 안에 산다는 것은 곧 유한함이라는 한계를 지닌 존재임을 뜻한다.

솔로몬은 인간이 누릴 수 있는 모든 것을 경험했다. 지적인 연구, 쾌락, 인기와 명성, 재물까지. 그러나 죽음 앞에서 솔로몬은 그 모든 것이 무력하다는 사실을 고백한다. 인간이 쥔 모든 것은 결국 시간의 유한함 앞에서 의미를 잃는다.

그래서 우리는 유한한 인생 속에서 삶의 지혜를 배워야 한다. 먼저 어찌할 수 없는 것들은 받아들여야 한다. 출생의 조건, 주어진 환경, 죽음을 수용하는 것이다. 우리는 유한한 존재다. 주어진 배경과 조건, 죽음까지도 피할 수 없다.

수용할 것은 빨리 수용해야 남은 시간을 더 온전히 살아낼 수 있다. 우리의 짧지만 소중한 시간은 곧 영원을 준비하는 자리이기 때문이다. 믿음으로 살아가는 태도가 영원한 생명을 결정짓는다.

역사가 아널드 토인비는 그의 저서 『역사의 연구』에서 문명의 흥망성쇠는 도전(Challenge)에 대한 응전(Response)의 방식에 달려 있다고 보았다. 우리가 마주하는 환경적, 사회적, 정치적, 경제적 도전에 어떻게 반응하느냐에 따라 문명의 운명이 갈린다는 것이다. 역사는 도전과 응전의 연속이다. 세대는 바뀌고 세상은 끊임없이 변화한다. 그 변화 앞에서 어떤 반응을 보이느냐에 따라 성공과 실패가 갈린다.

우리는 올바른 응전을 위해 배우고 연구하며 준비해야 한다. 환경을 통제할 수는 없다. 그러나 그 환경에 어떻게 대응할지는 우리의 몫이다. 새로운 변화는 위기이지만 동시에 성장의 기회기도 하다. 하나님께 지혜를 구하고, 하나님이 주신 지혜로 대응하며 나아갈 때 변화는 도약의 발판이 된다.

우리가 살아갈 앞으로의 시대는 더 예측하기 어렵고 변화가 더 잦아질 것이다. 그러나 변하는 것과 변하지 않는 것이 함께 존재한다. 변하지 않는 하나님의 주권과 말씀 위에 서서, 변하는 환경 앞에서 담대히 응전해야 한다. 하나님께 간구하며 지혜를 구하는 자에게 하나님은 은혜를 주실 것이다.

묵상을 위한 질문
내가 수용해야 할 삶의 조건은 무엇인가?
지금 내 삶과 일터에서 마주한 도전에 대해 나는 어떤 응전을 준비하고 있는가?

오늘의 기도
유한한 인생 속에서 믿음으로 살아가며 영원한 생명을 준비하게 하소서. 일터와 삶에서 마주하는 도전 앞에 주님의 지혜로 반응하게 하시고, 두려움보다 용기와 담대함으로 선택하게 하소서.

채워도 채워지지 않는 성취

오늘의 말씀 전도서 1장 7절

모든 강물은 다 바다로 흐르되 바다를 채우지 못하며
강물은 어느 곳으로 흐르든지 그리로 연하여 흐르느니라

모든 강물이 다 바다로 흘러도 바다를 채우지 못한다. 아무리 많은 물이 들어와도 바다는 부족하다고 말한다. 이것이 바로 우리의 인생이다. 사람의 마음은 쉽게 만족하지 않는다. 무언가를 얻으면 그다음 것을 바라보고, 남들이 부러워할 위치에 있어도 또 다른 것을 갈망하게 된다.

이런 인간의 본성을 이해한다면, 여기서 삶의 지혜를 배워야 한다. 끝없이 채우려고만 하다 보면 인생은 결국 갈함과 부족함만 남긴 채 끝날 것이다. 인생은 물질이나 명예나 권력으로는 결코 채워지지 않는다.

죄가 세상에 들어온 이후, 행복에 대한 관점도 왜곡되었다. 하나님은 우리를 행복하게 살도록 지으셨지만, 죄는 '더 많이 갖고 누리는 것'을 행복으로 착각하게 만든다. 물질을 행복의 기준으로 삼으면, 인생은 끊임없는 결핍감 속에서 돌아가게 된다.

자동차를 타고 고속도로를 달릴 때를 생각해 보자. 내 앞의 차를 추월하면 기분이 좋다. 그런데 그 앞에 또 다른 차가 보이면 다시 추월하고 싶어진다. 반복되는 추월 속에서 처음의 만족은 사라지고, 결국엔 피로만 남는다. 고속도로에서 행복해지는 방법은 추월이 아니라, 나의 속도를 지키며 그 안에서 여정을 즐기는 것이다.

심리학자 허즈버그(Herzberg)는 인간의 욕구에는 두 가지 요인이 있다고 말했다. 하나는 만족요인(동기요인), 다른 하나는 불만족요인(위생요인)이다. 급여나 근무 환경, 고용 안정 같은 조건들은 불만족을 줄일 수는 있지만, 만족감을 주지는 않는다. 반면, 일 자체에서 오는 성취감, 인정받는 경험, 성장의 기쁨은 진정한 동기와 만족을 가져다준다.

이 원리는 인생 전체에도 적용된다. 불만족을 없애는 데 집중하면 바다를 채우려는 강물처럼 끝이 없다. 만족은 하나님을 통해서 그리고 하나님이 주신 관계와 사명 안에서만 발견할 수 있다.

우리 마음은 물질로 다 채워지지 않는다. 사랑과 인격, 예배와 섬김을 통해서만 채울 수 있다. 예수님의 성품을 닮아갈 때, 우리는 진정한 만족을 경험하게 된다. 불만족을 해결하려는 방식으로는 늘 부족할 수밖에 없다. 하지만 만족요인을 추구하며 일한다면, 일터는 점점 더 살아나는 공간이 될 것이다.

묵상을 위한 질문
나는 지금 어떤 만족요인을 추구하며 살아가고 있는가?
일터에서 나는 어떤 방식으로 하나님의 영광을 드러내고 있는가?

오늘의 기도
물질로 채워지지 않는 인생임을 기억하게 하시고, 사랑과 인격, 예배와 섬김의 가치를 붙들며 진정한 행복을 추구하는 사람이 되게 하소서. 내 일터도 그런 삶의 현장이 되게 하소서.

익숙함을 넘어, 새로운 길로

오늘의 말씀 전도서 1장 9-10절

이미 있던 것이 후에 다시 있겠고 이미 한 일을 후에 다시 할지라
해 아래에는 새 것이 없나니 무엇을 가리켜 이르기를
보라 이것이 새 것이라 할 것이 있으랴
우리가 있기 오래 전 세대들에도 이미 있었느니라

솔로몬은 이 세상 누구보다도 많은 것을 이룬 인물이다. 그는 많은 것을 누렸으며 지혜도 탁월했다. 그런 솔로몬이 이 세상을 볼 때 "해 아래에는 새 것이 없나니"라고 했다. 우리가 새롭다고 말하는 것들도 사실은 이전에 있던 일의 반복일 뿐이다. 오늘 우리가 발견했다고 여기는 것도, 이미 오래전부터 존재하던 것들이다. 결국 우리는 알게 모르게 이러한 반복 속에서 익숙함을 반복한다.

우리는 살면서 익숙한 방식대로 하려는 유혹을 받는다. 지금까지 해오던 방식이 편하고 안전하게 느껴지기 때문이다. 하지만 세상은 끊임없이 변화하며 흘러간다. 하나가 일어나면 또 다른 것은 쇠퇴하는 반복 속에서 익숙함에 안주하면, 금세 뒤처지거나 어려움을 겪기 쉽다. 그래서 우리는 늘 하나님께 묻고, 변화의 길을 찾아야 한다.

익숙함을 넘어서기 위해 무엇을 해야 할까? 첫째, 나의 한계를 인정해야 한다. 나의 지혜와 능력의 한계를 인정하고 전능하신 하나님께 의뢰할 때 새로운 길이 열린다. 한계를 먼저 인정하고 그것을 넘어서려는 노력과 의지가 있어야 익숙함에서 벗어날 수 있다.

둘째, 현재의 방식이 최선인지 늘 묻고 점검해야 한다. 지금까지 해오던 방식이 계속 최선일 수는 없다. 스스로에게 이것이 최선인지, 더 나은 방법은 없는지 물어야 한다. 하나님이 주시는 지혜로 모든 영역을 다시 살펴보아야 한다.

셋째, 다른 사람의 이야기를 많이 듣고 잘 경청해야 한다. 교만한 마음을 가지고 있으면 아무것도 들리지 않는다. 내가 최고라고 생각하면 절대 발전할 수 없다. 전문가의 조언, 전혀 다른 영역에 있는 사람의 관점, 고객의 이야기에 귀를 기울여야 한다. 자주 듣기만 해도 얻는 것이 많다.

넷째, 기도에 전념해야 한다. 참된 지혜는 하나님으로부터 온다. 많이 보고 배우고 듣고 분석함으로 익숙함을 넘어서야 하지만, 동시에 기도로 나아가야 한다. 하나님은 사람의 생각을 넘어서는 통찰력을 주실 것이다. 그 통찰을 따라 새로운 일에 도전하며 전진해야 한다.

묵상을 위한 질문
나의 일하는 방식이 하나님이 원하시는 방향인지 생각해 보자.
익숙한 틀을 깨고 새로운 변화를 주어야 할 부분들은 무엇인가?

오늘의 기도
익숙함에 머무르지 않고 변화와 도전의 길로 나아가게 하소서. 실패를 두려워하지 않고, 하나님의 뜻을 신뢰하며 걸어가게 하소서.

결국 기억되지 않는 이름들 앞에서

오늘의 말씀 전도서 1장 11절
이전 세대들이 기억됨이 없으니
장래 세대도 그 후 세대들과 함께 기억됨이 없으리라

인생을 즐겁고 행복하게 해주는 요소 중 하나가 바로 인기다. 누군가가 나를 인정해 주며, 주목해 주는 것은 삶의 큰 즐거움이다. 다른 사람이 나를 알아주는 건 참 기분 좋은 일이다.

나를 기억하는 사람이 많아지면 그만큼 사회적인 영향력이 생기고, 더 많은 이에게 선한 영향력을 미칠 수 있다. 그렇게 쌓은 사회적 인정은 새로운 활동의 기회를 넓혀 주기도 한다. 리더십을 발휘할 때 신뢰를 얻을 수 있고 더 큰 영향력을 낳는다.

그러나 인기에는 한계가 있다. 그것은 절대 영원하지 않다. 인기를 삶의 목적으로 삼으면 이보다 더 허무한 일도 없다. 시간이 흐르며 결국 인기는 사라지고 잊히기 마련이다. 인기를 인생의 중심에 두고 살아가는 연예인이나 정치인은 그 명성을 유지해야 한다는 부담감 때문에 두려움과 스트레스를 겪는다. 순간의 실수나 비난으로 급격히 추락해 이전보다 더 비참한 상황에 이르기도 한다.

과거를 돌아보면, 한 시대를 상징하던 유명인조차 시간이 지나면 점점 잊히는 것을 목도한다. 트렌드는 바뀌고, 사람들의 관심도 옮겨 간다. 오늘 우리가 주목하는 인플루언서, 오피니언 리더, 성공한 기업인, 유능한 정치인도 결국은 다른 이들로 대체되며 기억에서 멀어진다.

성경은 인기와 명성을 좇지 말라고 경고한다. 인기와 명성은 한순간일 뿐이며, 그것을 유지하려 애쓰다 보면 결국 사람의 눈치를 보게 된다. 겉으론 행복을 좇는 듯하지만, 결국 허무함만을 경험한다. 인기를 행복의 기준이나 삶의 목표로 삼아서는 안 된다.

우리는 인생의 유한함 속에서 지혜를 찾아야 한다. 사람들에게 주목받는 삶은 결국 허무로 끝나지만, 하나님의 인정은 영원히 기억되며 하나님 나라에서도 인정받을 것이다. 진정한 인기와 성공은 사람들의 인정이 아니라 하나님의 인정이다.

사울왕은 백성들의 인기와 지지를 의식하며 살았고, 다윗은 하나님의 인정만을 바라보며 살았다. 사울은 시간이 지날수록 두려움과 불안에 휩싸여 불행한 삶을 살았지만, 다윗은 어떤 상황에서도 사람의 인기가 아닌 하나님의 뜻을 이루고자 힘썼다. 그의 나라는 시간이 갈수록 더 견고해졌다. 인기보다 중요한 것은 신실함이며, 명예보다 더 소중한 것은 하나님의 뜻을 따라 사는 삶이다.

묵상을 위한 질문

사람들에게 좋은 평판을 얻기 위해 지나치게 애쓰고 있지는 않은가?
인기와 인정에 마음을 빼앗긴 나머지, 믿음의 원칙을 타협하고 있지는 않은가?

오늘의 기도

사람의 시선을 의식하지 않고 주님의 인정을 구하는 삶을 살게 하소서. 영원히 기억되지 않을 것에 마음을 두기 보다 하나님 나라와 영광을 바라보며 살아가게 하소서.

내가 통제할 수 없는 일들

오늘의 말씀 전도서 1장 15절
구부러진 것도 곧게 할 수 없고 모자란 것도 셀 수 없도다

세상에는 인간의 힘으로는 도무지 바꿀 수 없는 일들이 있다. 아무리 똑똑하고 전략적으로 사고하는 리더라 해도, 해결할 수 없는 문제가 분명히 존재한다. 전도자는 그 한계를 이렇게 말한다.

"구부러진 것도 곧게 할 수 없고 모자란 것도 셀 수 없도다."

우리 주변에는 우리가 어찌할 수 없는 일이 많다. 왜곡된 구조, 비합리적인 관계, 돌이킬 수 없는 결정, 되돌릴 수 없는 선택들. 시간이 흘러도, 다시 시작해도, 인간의 힘으로는 곧게 만들 수 없는 것들이 있다. 이 말씀은 우리에게 한계를 인정하라는 교훈을 준다.

지혜가 있는 것 같은 사람도 분명한 한계가 있다. 솔로몬은 젊은 시절 지혜와 부와 권력을 모두 누렸지만, 그의 인생 끝에 이르러서야 진정한 고백을 한다. 그 모든 것이 하나님의 손에서 온 것임을 깨닫고 나서야 비로소 인생의 본질과 방향을 보게 된 것이다.

다니엘도 이렇게 고백했다.

"지혜와 능력이 그에게 있음이로다 그는 때와 계절을 바꾸시며 왕들을 폐하시고 왕들을 세우시며 지혜자에게 지혜를 주시고 총명한 자에게 지식을 주시는도다"(단 2:20-21).

세상의 구조가 뒤틀려 있어도, 하나님은 여전히 주권자이시다.

우리는 더 나은 결과를 위해 계획하고 실행하고 분석한다. 그러나 그 모든 것 위에 계신 분은 하나님이시다. 아무리 노력해도 하나님이 허락하지 않으시면, 어떤 것도 곧게 만들 수 없다. 그러므로 우리는 더욱 겸손히 하나님을 의지하고 날마다 그분의 도우심을 구해야 한다.

현실은 불완전하다. 때로는 왜곡된 현실 앞에서 깊은 좌절을 느낄 수 있다. 그러나 하나님의 손길은 그 불완전한 현실 속에서도 여전히 일하신다. 우리가 완벽히 해결하지 못하는 상황조차 하나님은 사용하시고, 때로는 우리의 무능함을 통해 더 큰 지혜를 드러내신다.

그리스도 안에서 우리는 소망을 본다. 우리의 죄로 인해 구부러진 인생과 세상조차, 십자가에서 곧게 세워 주신다. 사람의 힘으로는 셀 수 없던 모자람도, 그리스도의 은혜로 채워 주신다. 그러므로 지금 필요한 것은 모든 것을 통제하려는 시도가 아니라, 주어진 상황 안에서 하나님의 지혜를 구하며 충실하게 살아가려는 태도다.

묵상을 위한 질문
내 힘으로는 바꿀 수 없는 문제를 붙잡고 있지는 않은가?
불완전한 현실 속에서도 하나님의 주권을 신뢰하며 순종해야 할 것은 무엇인가?

오늘의 기도
스스로 곧게 하려 애쓰기보다 주님께 맡기게 하소서. 제 한계를 인정하고, 주님의 주권과 지혜를 신뢰하게 하소서. 불완전한 현실 속에서도 하나님의 손길을 바라보며 담대히 걸어가게 하소서.

008 지혜의 유익과 한계

오늘의 말씀 전도서 1장 18절

지혜가 많으면 번뇌도 많으니
지식을 더하는 자는 근심을 더하느니라

솔로몬이 성공할 수 있었던 이유에는 지혜가 있다. 하나님이 그에게 지혜를 선물로 주셨고, 그 지혜는 부와 영화를 누리는 데 크게 쓰였다.

지혜는 이치를 아는 것이고, 방법을 깨닫는 것이다. 어떤 일을 할 때 그 일이 이루어지는 원리와 방법을 이해하고 실행하게 하는 것이 지혜다. 솔로몬은 지혜가 있는 사람과 없는 사람의 차이를 빛과 어둠의 차이라고 표현했다(전 2:13).

밝은 빛 아래서는 작은 바늘도 찾아내지만, 어둠 속에서는 큰 물건조차 찾기 어렵다. 이처럼 지혜가 있으면 일의 원리를 파악해 쉽게 풀어가고, 주어진 일을 잘 감당할 수 있다.

성경이 말하는 지혜와 세상이 말하는 지혜는 본질적으로 다르다. 세상은 쉽고 편하며, 덜 일하고 더 벌고, 남을 이기는 방법을 지혜라고 여긴다. 하지만 잠언이 말하는 지혜는 보다 근본적인 것을 다룬다.

성실함, 부지런함, 겸손함, 부드러운 말, 이웃을 돕는 삶 같은 요소들이 지혜의 본질이다. 그리고 최고의 지혜는 하나님을 경외하는 것이다. 모든 것이 하나님께로부터 온다는 사실을 인정하는 것만으로도 가장 큰 지혜를 얻은 셈이다.

일상에서 크고 작은 문제들을 해결할 지혜가 필요하다. 이때 우리는 하나님께 구해야 한다. 하나님은 지혜를 구하는 자에게 후히 주시고 꾸짖지 않으시는 분이다(약 1:5). 하나님이 주시는 지혜는 우리 삶에 많은 유익을 준다.

그러나 유한한 인생 안에서는 한계가 있다. 솔로몬은 지혜가 많으면 오히려 몸이 괴롭고 근심이 많아진다고 했다. 지혜로도 풀 수 없는 문제들이 있고, 그것을 붙들고 애쓰다 보면 오히려 마음이 무거워진다.

지혜는 분명 유익하지만, 동시에 마음을 복잡하게 만들기도 한다. 생각이 많아질수록 피곤해지고, 잠을 이루지 못할 만큼 고민에 휩싸일 수도 있다. 연구하고 깊이 사고하며 살아가야 하지만, 그것이 건강을 해치고 마음을 짓누르는 수준까지 가는 것은 지혜롭지 않다. 우리가 해결할 수 없는 일들은 하나님께 맡기고 구하며 균형 있게 살아가는 것이 진정한 지혜다.

묵상을 위한 질문
성경이 말하는 지혜와 세상의 지혜는 어떻게 다를까?
지혜의 장점과 한계를 생각해 보고, 내 삶에 맞는 균형은 무엇일지 점검해 보자.

오늘의 기도
모든 영광과 지혜가 하나님께로부터 온다는 것을 믿습니다. 참된 지혜를 배우고, 하나님의 뜻을 따라 살아가게 하소서.

절제된 즐거움이 주는 깊은 행복

오늘의 말씀 전도서 2장 1절
나는 내 마음에 이르기를 자, 내가 시험삼아 너를 즐겁게 하리니
너는 낙을 누리라 하였으나 보라 이것도 헛되도다

인생의 행복 중 하나는 즐거움을 누리는 것이다. 어쩌면 즐거움 자체가 행복이라고 해도 과언이 아니다. 고난과 고통의 시간을 지나는 인생 여정 가운데 만나는 즐겁고 재미있는 일들은 삶에 활력과 위로를 준다.

인생에서 즐거움은 반드시 필요하다. 하지만 즐거움 그 자체를 삶의 목표로 삼거나, 방향이 잘못되면 오히려 재앙이 될 수 있다. 하나님을 알지 못하는 사람들이 육체적인 즐거움을 극대화하려다 보면, 그 끝은 중독이나 타락으로 이어져 삶이 무너지는 모습을 종종 발견한다.

역사를 돌아봐도, 최신 뉴스를 검색해 봐도, 부와 권력과 인기를 누렸지만 하나님 없는 즐거움만을 좇다가 몰락한 사람들의 이야기는 흔하다. 육신의 즐거움을 인생의 목표로 삼았던 결과다.

반면, 진정한 즐거움은 마음의 기쁨에서 온다. 전도서에서도 가장 강조하는 주제 중 하나가 바로 이것이며, 성경은 이를 '낙'이라고 표현한다. 솔로몬은 마음의 기쁨이야말로 하나님이 사람에게 주신 선물이며, 가장 큰 행복이라고 말한다. 마음의 기쁨은 육체적인 쾌락과는 다르다. 겉으로는 비슷해 보일 수 있지만, 출발점도 다르고 그 과정과 결과도 전혀 다르다. 마음의 기쁨은 오래가며 우리 존재 전체에 영향을 준다.

우리가 누려야 할 또 하나의 즐거움은 영적인 기쁨이다. 하나님의 일을 하면서, 하나님이 우리에게 주시는 기쁨을 경험하는 것이다. 우리는 예배의 기쁨, 말씀을 묵상할 때의 기쁨, 기도 응답의 기쁨, 하나님의 일에 동참할 때 오는 기쁨을 누린다. 이 기쁨은 세상이 알 수도, 줄 수도 없는 기쁨이다.

육체적인 즐거움은 쉽게 실증이 나기에 더 큰 자극을 찾아야 한다. 그러나 그 강도를 높일수록 더 깊은 갈증만 남긴다. 솔로몬도 육체의 즐거움이 줄 수 있는 만족의 끝을 찾으려 했지만, 결국 남은 것은 허무였다.

참된 기쁨은 하나님 안에 있을 때만 가능하다. 세상의 즐거움은 일시적이지만, 하나님이 주시는 기쁨은 깊게 지속된다. 우리가 경영이나 일터에서 추구해야 할 것은 순간의 쾌락이 아니라, 하나님이 주시는 지속적인 평안과 기쁨이다. 오늘도 하나님이 내 인생 가운데 주신 작고 소중한 즐거움을 찾아보고, 그것을 마음에 간직하며 감사하는 하루를 보내면 좋겠다.

묵상을 위한 질문
내가 누리는 즐거움은 하나님이 기뻐하실 만한 것인가?
절제해야 할 즐거움이 있다면, 그것은 무엇인가?

오늘의 기도
세상이 주는 즐거움에만 빠지지 않도록 지켜 주소서. 하나님이 기뻐하시는 방식으로 주어진 일을 감당하게 하소서.

무엇을 남기고 떠날 것인가

오늘의 말씀 전도서 2장 18절
내가 해 아래에서 내가 한 모든 수고를 미워하였노니
이는 내 뒤를 이을 이에게 남겨 주게 됨이라

우리는 누구보다도 수고하며 열심히 일하고 많은 것을 일군다. 업무를 주도하며 성과를 만들고 책임을 다하는 일은 결코 쉽지 않다. 하루하루 치열하게 일하는 사람이라면 누구나 공감하는 삶의 무게다. 그 수고는 때때로 성취의 기쁨과 만족을 안겨 주고, 다시 일할 수 있는 동력이 되기도 한다.

그런데 솔로몬은 자신이 평생 애쓴 수고를 '미워했다'고 고백한다. 여기서 "수고"란 어떤 것을 얻기 위해 치러야 했던 희생과 고통, 곤고함을 의미한다. "미워하였노니"라는 말은 자신이 그토록 수고한 결과가 만족스럽지 못하고 결국 허무함만 갖게 한다는 의미다.

솔로몬이 그렇게 느낀 이유는, 결국 죽음 앞에서 다 두고 가야 하기 때문이다. 열심히 쌓은 성취도, 재산도, 지위도 남겨둔 채 떠나야 한다. 그 결과가 누구의 손에 맡겨질지조차 알 수 없다. 노력의 열매를 내가 아닌 누군가가 누리는 것, 그 불확실성이 그의 마음에 깊은 허무를 남긴 것이다.

실제로 많은 사람이 평생 애쓴 수고를 온전히 누리지 못한다. 어떤 이는 근심과 과로 속에서 버틴 끝에 성과를 이루지만, 막상 그 결실은 다음 사람이 가져가는 경우도 적지 않다. 그럴 때는 수고조차 허무하게 느껴질 수 있다.

이 말씀은 우리에게 두 가지를 생각하게 한다. 하나는, 지금 내가 누리는 신앙과 환경과 일상의 기반이 누군가의 수고 위에 놓여 있다는 사실이다. 믿음의 선배들은 핍박과 어려움 속에서도 복음을 지켰고, 이전 세대는 덜 먹고 덜 쓰며 나라를 일으켜 세웠다. 그들의 헌신 덕분에 우리가 지금 이 자리에 설 수 있다.

또 하나는, 지금 내가 흘리는 땀이 나만을 위한 것이 아니라는 점이다. 오늘 내가 성실히 일하고 애쓰는 것이 다음세대, 내가 사랑하는 이들을 위한 자양분이 될 수 있다. 내가 다 누리지 못하더라도 그들이 열매를 누릴 수 있다면, 그 수고는 충분히 가치 있다. 사랑은 우리의 수고를 헛되지 않게 만든다.

이전 세대가 우리를 위해 기도하고 헌신했듯, 우리도 다음세대를 위해 영적 유산을 남겨야 한다. 물질만 남기면 게으름과 방탕함이 따르지만, 영적인 자산은 하나님의 지혜로 그들을 인도할 것이다.

묵상을 위한 질문

나는 나의 노력과 성취를 얼마나 잘 누리고 있는가?
나의 자녀 또는 다음세대에게 무엇을 어떻게 남겨 줄 것인가?

오늘의 기도

제 수고가 헛되지 않도록 지혜를 주소서. 제가 노력한 것을 허무하게 여기지 않고, 다음 세대에 가치 있는 것을 남길 수 있도록 도와주소서.

자기 마음을 먼저 다스리는 사람

오늘의 말씀 잠언 16장 32절
노하기를 더디하는 자는 용사보다 낫고
자기의 마음을 다스리는 자는 성을 빼앗는 자보다 나으니라

전쟁에서 다른 용사들을 무찌르는 능력보다, 자신의 부정적인 감정을 통제할 줄 아는 사람이 더 위대하다고 성경은 말한다. 힘으로 성을 빼앗는 것보다 마음을 다스리는 능력이 훨씬 더 크다는 것이다. 이는 우리의 감정 조절과 마음의 절제가 얼마나 중요한지를 보여 준다.

우리가 조절해야 할 대표적인 감정이 분노다. 야고보서는 분노가 생의 수레바퀴를 불태운다고 경고한다. 분노를 뜻하는 'anger'는 위험을 뜻하는 'danger'에서 한 글자만 빠졌다는 말이 있듯, 분노는 그만큼 위험하다. 반면, 분노를 잘 다스리는 사람은 천사인 'angel' 같다는 말도 있다. 언어유희지만 시사하는 바가 크다.

분노는 사랑받지 못한 마음에서 비롯된다. 마땅히 받아야 할 대우를 받지 못했다고 느낄 때 생기는 감정이다. 분노는 갑자기 폭발할 수도 있지만, 대부분은 일상 속에 쌓인 소소한 불만에서 시작된다. 그렇기에 평소 분노가 쌓이지 않도록 주의해야 한다.

잠재된 분노는 사랑으로 치유할 수 있다. 하나님의 은혜와 사랑을 깊이 경험할 때, 성령님은 우리에게 온유한 마음을 주신다. 또 하나 된 성도들로부터 받는 격려와 칭찬, 사랑은 마음속 분노를 녹이는 힘이 있다.

직장에서 분노를 조절하는 것은 단순히 화를 참는 것을 넘어, 더 나은 결정을 내리는 능력이다. 감정적인 판단은 관계를 깨뜨리고, 일의 흐름을 망치게 만든다. 특히 감정이 격할 때 내리는 결정은 대부분 후회로 이어진다. 그래서 중요한 결정일수록 기도하며 평온한 상태에서 하나님의 인도를 받아야 한다.

한순간의 분노는 오랜 시간 쌓아 온 신뢰를 무너뜨릴 수 있다. 자주 화를 표현하는 사람은 주변에 불안감과 불신을 준다. 분노는 하나의 행동 패턴이기에, 반드시 전조증상이 있다. 그 신호를 알아차리고 그러한 자리를 벗어나거나 감정을 환기시키는 등 지혜로운 사전 조치가 필요하다.

예수님은 부당한 대우 앞에서도 분노로 대응하지 않으셨다. 오히려 그들의 무지를 긍휼히 여기며 기도하셨고, 끝까지 온유하고 겸손한 태도를 지키셨다. 우리도 예수님의 성품을 닮아가도록 힘써야 한다.

묵상을 위한 질문

내 안에서 분노가 일어나기 전, 어떤 전조증상이 있는가?
마음을 절제하기 위해 특별히 주의하거나 훈련해야 할 부분은 무엇인가?

오늘의 기도

겸손하고 온유하신 예수님의 성품을 닮게 하소서. 나의 마음을 잘 다스리게 하시고, 하나님의 충만한 사랑으로 여유 있는 마음을 갖게 하소서.

012 행복은 단순한 일상 루틴 속에 있다

오늘의 말씀 전도서 2장 24절
사람이 먹고 마시며 수고하는 것보다 그의 마음을 더 기쁘게 하는 것은 없나니
내가 이것도 본즉 하나님의 손에서 나오는 것이로다

행복에 대해 오랫동안 연구해 온 한 저명한 교수는 행복을 이렇게 정의했다. "좋은 사람을 만나고, 여행하고, 맛있는 음식을 먹는 것." 여러 철학적인 논의나 복잡한 설명을 붙여도, 결국 좋은 사람과 함께 맛있는 음식을 먹으며 나누는 일상의 행복을 따라갈 수 없다는 뜻이다. 어떻게 보면 인생은 참 단순하다.

'좋은 사람을 만나 좋은 걸 먹는 게 행복'이라는 통찰은 사실, 이미 오래전에 솔로몬이 먼저 말했다. 그는 지혜가 주는 유익을 잘 알고 있었지만, 그 지혜 때문에 번뇌와 고민도 많았고, 풀리지 않는 문제로 잠을 이루지 못하는 고충을 겪었다. 결국 솔로몬은 깨닫는다. 열심히 일하고, 좋은 걸 먹고, 쉬는 삶이 더 행복하다는 것을.

좋은 사람과 만나 맛있는 음식을 나누며 누리는 소박한 즐거움도 하나님의 손에서 나온다. 이런 일상의 행복은 하나님이 우리에게 주시는 선물이다. 매일 반복되는 식사, 커피 한 잔의 여유, 좋은 대화, 수고한 하루 끝에 찾아오는 휴식. 이 모든 평범한 순간들이 사실은 하나님의 손길이다. 우리는 종종 행복을 복잡하고 거창하게 생각한다. 더 많은 돈, 더 큰 성공, 더 좋은 집과 차가 있어야 행복할 거라 믿는다.

하지만 솔로몬은 말한다. 진짜 기쁨은 단순한 데서 온다고. 먹고 마시고 수고하며 사는 삶. 이 단순한 리듬이 사실은 가장 안정적이고 행복한 삶의 구조일 수 있다.

우리는 때로 지금 누리고 있는 소소한 행복을 당연하게 여기며, 더 특별한 것을 찾기 위해 애쓴다. 하지만 우리가 바라는 그 특별함도 결국은 지금 이 단순한 삶의 연장선에 있다는 걸 잊지 말아야 한다. 매일의 수고와 쉼, 사랑하는 사람과 나누는 식사 속에 이미 하나님의 은혜가 흐르고 있다.

단순한 삶은 무의미한 삶이 아니라, 오히려 본질에 집중하는 삶이다. 복잡한 계산과 경쟁 속에 지친 우리에게 하나님은 이렇게 말씀하신다. "사람이 먹고 마시며 수고하는 것보다 그의 마음을 더 기쁘게 하는 것은 없나니." 우리는 그 복을 누리고 느낄 수 있는 감각을 회복해야 한다. 시선을 높여 큰 비전을 품되, 동시에 발밑에 있는 소소한 은혜를 놓치지 않고 살아가야 한다.

묵상을 위한 질문
지금 누리는 단순한 일상 속에서 행복을 느끼고 있는가?
복잡한 목표를 좇느라 정작 중요한 관계나 쉼을 놓치고 있지는 않은가?

오늘의 기도
복잡한 세상 속에서도 단순한 기쁨을 소중히 여기는 마음을 주소서. 먹고 마시며 수고하는 이 하루가 하나님의 손에서 나온 귀한 선물임을 감사하며 살아가게 하소서.

하나님이 주시는 선물

오늘의 말씀 전도서 2장 26절
하나님은 그가 기뻐하시는 자에게는 지혜와 지식과 희락을 주시나
죄인에게는 노고를 주시고 그가 모아 쌓게 하사
하나님을 기뻐하는 자에게 그가 주게 하시지만 이것도 헛되어 바람을 잡는 것이로다

우리의 일과 삶을 바라보는 관점에서 가장 중요한 묵상은 이것이다. "나는 지금 누구를 기쁘시게 하며 살고 있는가?" 세상은 성과와 실적으로 판단하지만, 하나님은 마음과 중심을 보신다. 전도서 기자는 하나님이 기뻐하시는 자에게는 특별한 선물이 있다고 말한다.

첫째, 하나님은 기뻐하시는 자에게 지혜를 주신다. 지혜는 인생과 경영의 방향을 정하는 힘이다. 무엇을 택하고 무엇을 피할지 분별하게 하며, 올바른 순간에 올바른 결정을 내리게 한다. 경영자는 지혜를 잃을 때 흔들리고, 지혜를 얻을 때 안전하다.

둘째, 하나님은 지식을 주신다. 지혜가 방향이라면 지식은 길을 내는 도구다. 필요한 것을 배우고 현실에 적용하는 능력이다. 하나님을 기쁘시게 하려는 마음이 있을 때 우리는 배워야 할 것을 배우고, 지식을 바르게 사용할 수 있다.

셋째, 하나님은 희락을 주신다. 성취가 있어도 기쁨이 없다면 허무하다. 하나님은 일의 보람과 관계의 즐거움, 영혼의 깊은 만족을 주신다. 이것이 있어야 끝까지 버틸 수 있다.

넷째, 하나님은 죄인에게 노고를 주시되, 죄인이 수고한 결과를 하나님이 기뻐하시는 자에게 넘기신다. 탐욕으로 모은 것은 오래가지 못하지만, 하나님을 기쁘시게 하는 사람은 하나님이 주시는 공급과 은혜를 누린다.

하나님은 일의 결과를 누구에게 맡길지를 결정하신다. 그러므로 우리가 일을 하는 방법과 과정은 하나님의 뜻 안에서 이루어야 한다. 하나님은 우리가 수고하는 과정에서 기쁨을 주신다. 우리의 일이 잘되도록 지혜와 지식을 더하시며, 때로는 악인의 재물도 선물처럼 주신다.

지금 내가 누리고 있는 모든 것이 하나님께로부터 온 것이니, 언제나 그분의 선물을 담을 수 있는 그릇을 준비하며 살아가야 한다.

묵상을 위한 질문
지금 내 삶과 일은 하나님을 기쁘시게 하는 방향을 향해 있는가?
하나님이 주시는 지혜와 지식, 기쁨을 온전히 누리고 있는가?

오늘의 기도
제 삶과 일터가 하나님을 기쁘시게 하는 길에 놓이게 하소서. 오늘 감당해야 할 업무에 지혜를 주시고 지식을 더하시며 기쁨으로 채워 주소서.

모든 일에는 때가 있다

오늘의 말씀 전도서 3장 1절
범사에 기한이 있고 천하 만사가 다 때가 있나니

이형기 시인의 「낙화」에는 이런 구절이 있다.
"가야 할 때가 언제인가를 분명히 알고 가는 이의 뒷모습은 얼마나 아름다운가."

삶에는 반드시 '때'가 있다. 문제는 정작 우리가 지금 무엇을 해야 할 때인지 알지 못한 채 살아갈 때가 많다는 것이다. 인생의 품격과 지혜는 그때를 알고 반응하는 데서 나온다.

전도서 기자는 말한다. 이 땅의 모든 일에는 하나님의 정하신 때가 있다. 이 말씀을 묵상해 보면 두 가지 '때'가 떠오른다. 하나는 우리가 어떻게 할 수 없는, 하나님의 주권적 시간이다. 다른 하나는 우리가 선택하고 분별해야 하는 시간이다. 이 두 가지를 올바로 이해하고 반응하는 것이 하나님을 경외하는 삶의 태도다.

하나님이 정하신 주권적 시간은 우리의 의지나 능력으로 바꿀 수 없다. 인생의 출발과 마무리, 만남과 기회, 멈춤과 전진의 순간은 모두 하나님의 뜻 안에 있다. 우리는 그것을 바꿀 수 없기에, 한계를 인정하고 겸손히 순복하는 법을 배워야 한다. 어떤 일은 준비한다고 다 되는 것도 아니고, 피한다고 피할 수 있는 것도 아니다. 그럴 때 우리가 할 수 있는 최선은 조급해하지 않고 하나님의 섭리를 신뢰하며 기다리는 것이다.

요셉은 억울하게 감옥에 갇혔고, 모세는 광야에서 긴 시간을 보냈으며, 다윗은 도망자의 길을 걸었다. 누구도 원하지 않았던 시간이었지만, 그들은 그 시간조차 하나님의 때임을 믿었다. 준비되기 전에는 아무리 발버둥 쳐도 문이 열리지 않는다. 그러나 하나님이 정하신 시간이 되면 그 문은 반드시 열린다. 그래서 기다림조차 믿음의 훈련이 된다.

반대로, 분별하고 결단해야 할 시간도 있다. 멈춰야 할 때 무리하지 않고, 나아가야 할 때 주저하지 않으며, 열매 맺을 때 게으르지 않는 것. 이것이 성숙한 인생과 책임자의 지혜다. 하나님은 지혜를 주셔서 우리가 그때를 읽게 하시고, 순종할 수 있도록 마음을 이끄신다.

삶과 일, 관계와 사명, 도전과 쉼, 이 모든 순간에는 하나님의 타이밍이 흐른다. 중요한 것은 지금 내가 어떤 때에 서 있는지를 분별하고, 하나님 앞에서 반응하는 것이다. 기다림이 필요한 때는 기다리고, 결단이 필요한 때는 행동하며, 멈춤이 필요한 때는 멈추는 것이다. 하나님은 그 모든 시간에 우리를 다듬으시고 성장시키신다.

묵상을 위한 질문
지금 나는 어떤 '때'에 서 있는가?
내가 통제할 수 없는 하나님의 때를 신뢰하고 있는가?

오늘의 기도
제 인생의 모든 때가 주님 손안에 있음을 믿습니다. 때로는 기다리고, 때로는 나아가야 할 이 시간을 지혜롭게 보내게 하시고, 하나님의 타이밍 앞에 늘 겸손하게 반응하게 하소서.

영원을 그리워하는 마음

오늘의 말씀 전도서 3장 11절
하나님이 모든 것을 지으시되 때를 따라 아름답게 하셨고
또 사람들에게는 영원을 사모하는 마음을 주셨느니라

하나님은 인생의 때를 아름답게 만드셨다. 그리고 그때마다 우리에게 기쁨을 누리게 하셨다. 봄처럼 새로운 시작이 있고, 여름처럼 열정의 순간이 있으며, 가을처럼 결실의 감사가 있고, 겨울처럼 조용히 회복하는 시간이 있다. 모든 때에는 의미가 있고, 그때마다 주시는 은혜가 있다.

그러나 아무리 아름다운 시간이라도 영원하지는 않다. 행복했던 순간도 지나가고, 만남은 이별로 바뀌며, 결국 우리는 언젠가 이 땅에서의 시간을 다 마치게 된다. 그래서 좋은 순간이 더 오래 이어지지 못하는 아쉬움이 남는다.

솔로몬은 이 질문 앞에서 하나님의 뜻을 발견했다. 하나님이 귀한 시간을 주시면서도 그 안에 영원히 머물게 하지 않으신 이유는, 우리 마음속에 영원을 사모하는 갈망을 심어 주시기 위함이다. 유한함을 경험할 때 우리는 비로소 시간 너머의 세계를 바라보고 영원을 갈망하며 살아간다.

하나님은 단순히 좋은 삶만 주신 것이 아니다. 이 땅의 시간이 전부가 아님을 알려 주셨다. 인생의 흐름을 통해 우리는 하나님의 계획을 배우고, 결국 영원한 생명이 예수 그리스도 안에 있음을 붙잡게 된다.

인생의 마지막을 향해 갈수록 두려움과 불안이 커지기 마련이다. 건강, 삶의 단절, 사랑하는 이들과의 이별이 우리를 흔든다. 그러나 믿음의 사람은 안다. 이 시간은 끝이 아니라, 하나님과 함께하는 영원한 삶의 시작이라는 것을. 그래서 우리가 붙잡아야 할 지혜는 분명하다. 영생은 하나님이 오래 전부터 약속하신 것이며, 예수 그리스도를 믿는 자에게 주시는 선물이다.

우리의 삶은 속도와 경쟁 속에 놓여 있다. 끊임없이 성과를 내야 하고, 시간 안에 목표를 이뤄야 한다. 그러나 오늘 말씀은 우리에게 균형을 준다. 지금의 시간도 소중하지만, 이 시간을 넘어서는 '영원의 시간'을 준비하며 살아야 한다.

하나님은 인생의 때마다 아름다움을 주셨고, 그 모든 것을 통해 우리를 예수 그리스도께로 이끄신다. 그러므로 지금 이 순간을 감사히 누리면서도, 영원을 향한 하나님의 초청을 붙잡아야 한다. 이 모든 때를 통해 우리를 아름답게 이끄실 하나님을 찬양해야 한다.

묵상을 위한 질문
분주한 일상과 흘러가는 시간 속에서 영원을 향한 하나님의 뜻을 바라보고 있는가? 지금 누리는 이 순간이 하나님이 주신 영생의 메시지임을 기억하고 있는가?

오늘의 기도
제게 주신 때를 감사히 누리며 살길 원합니다. 유한한 삶 속에서 영원을 바라보게 하시고, 예수님을 믿는 믿음 안에서 영원한 생명을 붙잡게 하소서.

기뻐하라, 그리고 선을 행하라

오늘의 말씀 전도서 3장 12절

사람들이 사는 동안에 기뻐하며 선을 행하는 것보다
더 나은 것이 없는 줄을 내가 알았고

사람이 살아가는 동안 가장 행복하게 사는 길은 무엇일까? 전도자는 분명히 말한다. "기뻐하며 선을 행하는 것보다 더 나은 것은 없다." 다시 말해, 인생을 가장 잘 사는 길은 마음에 기쁨을 품고 그 기쁨으로 다른 사람에게 선을 베풀며 살아가는 것이다.

하나님은 선하신 분이며 우리를 선하게 지으셨다. 그래서 우리는 하나님을 닮아 선을 행할 때 깊은 기쁨과 행복을 누린다. 그것은 물질을 소유할 때 얻는 기쁨보다 훨씬 크고 오래간다.

무슨 일을 하든 어디에 있든 마음이 기쁘고 평안한 상태가 행복이다. 그러나 그 기쁨이 단지 내 감정에 머물지 않고 선한 행동으로 이어질 때, 삶은 더욱 충만해진다. 혼자만 기쁜 것이 아니라 그 기쁨이 흘러 다른 사람을 살리고 세상을 밝히는 힘이 된다.

돈이 많고 기쁨도 많다면 행복하다. 하지만 재정이 늘어나도 마음의 기쁨이 줄어든다면 그것은 불행이다. 중요한 것은 외적인 풍요가 아니라 마음의 기쁨이고, 그 기쁨이 선한 영향으로 드러나는 것이다.

하나님은 우리의 마음에 늘 기쁨이 넘치길 원하신다. "항상 기뻐하라"(살전 5:16)는 말씀은 단순한 권고가 아니라 하나님의 뜻이다. 또 "선을 행하되 낙심하지 말라"고 하신다. 선한 삶은 결코 헛되지 않다. 진심이 담긴 선행은 결국 기쁨으로 되돌아온다. 기쁨은 단순한 감정이 아니다. 하나님과의 관계에서 누리는 내면의 충만함이며, 환경을 넘어서는 영적 만족이다. 상황이 불안해도 주님 안에 머물 때 기쁨을 경험한다.

기쁜 일이 많으면 행복하기 마련이다. 그러나 그렇지 않은 상황에서도 기쁨을 지키려는 태도는 행복한 삶이다. 어떤 일이 있어도 마음의 기쁨을 놓치지 말아야 한다.

기쁨은 하나님이 우리에게 주신 가장 큰 선물이다. 그래서 우리는 일상 속에서 나를 기쁘게 하는 것들을 찾아 떠올리며 그 기쁨을 유지해야 한다. 가정에도, 일터에도, 교회에도 기쁨이 가득해야 한다. 기쁨은 행복의 핵심 요소이자 선을 행하는 힘의 원천이다. 그러므로 나를 슬프게 하고 기쁨을 빼앗으려는 것과 싸워야 한다. 그래야 마음에 기쁨이 머물고, 그 기쁨이 선한 영향으로 흘러갈 수 있다.

성령 충만할 때 마음에는 기쁨이라는 열매가 맺힌다. 성령님은 세상이 줄 수 없는 기쁨으로 우리의 마음을 채우시고, 그 기쁨이 선한 열매로 나타나게 하신다. 이 은혜가 오늘의 삶에 충만하길 바란다.

묵상을 위한 질문

지금 마음에 기쁨을 가지고 살아가고 있는가?
그 기쁨이 내 삶을 통해 누군가에게 선한 영향으로 전해지고 있는가?

오늘의 기도

기뻐하며 선을 행하는 삶이 가장 큰 행복임을 믿습니다. 제 마음에 기쁨이 늘 머물게 하시고 그 기쁨이 선한 열매로 이어지게 하소서.

작은 쉼, 큰 은혜

오늘의 말씀 전도서 3장 13절

사람마다 먹고 마시는 것과 수고함으로 낙을 누리는
그것이 하나님의 선물인 줄도 또한 알았도다

행복하게 사는 방법에는 몇 가지 분명한 원리가 있다. 마음의 기쁨을 유지하는 것, 선을 행하며 사는 것, 그리고 가장 자주 하는 일과 만나는 사람들 속에서 기쁨을 누리는 것이다. 그 가운데 빼놓을 수 없는 또 하나의 행복은 맛있는 음식을 먹는 기쁨이다. 좋은 사람들과 함께하는 식사는 단순한 끼니 해결이 아니라 인생의 즐거움이며, 하나님이 우리에게 허락하신 소중한 복이다.

전도자는 사람이 먹고 마시며 수고함으로 낙을 누리는 것이 하나님의 선물이라고 말한다. 아무 일도 하지 않고 먹기만 하면 결코 복이 아니며 결국 지루함과 허무로 빠진다. 성경은 먹고 마시는 즐거움과 수고를 함께 묶으며, 우리가 노력한 자리에 하나님이 주시는 참된 기쁨이 있음을 보여 준다.

수고는 힘들고 고단하다. 하지만 그 수고를 할 수 있다는 것 자체가 하나님의 은혜다. 건강이 없으면 일할 수 없고, 마음과 정신이 무너지면 직장을 지킬 수 없다. 지금 맡은 일과 직장은 단순한 생계 수단이 아니라 하나님이 맡기신 사명이자 축복이다. 매일 출근할 수 있고, 내 손과 머리가 바쁘게 움직이는 것만으로도 감사의 조건이다.

열심히 일한 뒤 마시는 시원한 냉수 한 잔은 일하지 않고 누리는 호화로운 식사보다 더 만족감을 준다. 수고한 뒤 함께 나누는 식사에는 감동과 감사가 있다. 하나님은 우리에게 그런 일상의 기쁨을 허락하신다.

하나님을 알지 못하는 사람들은 그 기쁨을 자극과 쾌락으로 채우려 하지만 결국 허무로 끝난다. 하나님의 사람은 먹고 마시는 순간에도 하나님의 손길을 기억하며 감사한다. 먹을 힘을 주시고, 함께 나눌 사람을 주시며, 기쁨을 느낄 수 있는 마음을 주신 것이 은혜다. 어떤 음식을 먹느냐보다, 누구와 어떤 마음으로 먹느냐가 더 중요하다. 하나님이 주신 자리에서 성실히 일하고, 수고 후에 주어지는 작은 쉼과 식사의 기쁨을 감사로 누리는 것이 복된 삶이다.

가정에서 가족과 나누는 식사 한 끼, 직장에서 동료들과 웃으며 마시는 커피 한 잔, 교회에서 성도들과 함께하는 식탁 교제가 복이다. 기쁨을 느끼는 능력은 하나님이 주시는 선물이다. 많은 문제가 해결되지 않더라도, 먹고 마시며 수고 속에서 낙을 누릴 수 있다면 이미 복된 인생이다. 이 일상의 기쁨이 우리 삶에 풍성하게 흐르길 바란다.

묵상을 위한 질문
일상 속에서 나는 어떤 기쁨을 누리는가?
나의 일에 담긴 하나님의 은혜와 선물은 무엇인가?

오늘의 기도
일할 수 있는 힘을 주시고 수고 속에서 기쁨을 누리게 하시니 감사합니다. 오늘도 맡은 자리에서 감사함으로 일하게 하시고, 그 기쁨이 제 삶을 채우게 하소서.

유한한 하루, 영원하신 하나님

오늘의 말씀 전도서 3장 14절

하나님께서 행하시는 모든 것은 영원히 있을 것이라
그 위에 더 할 수도 없고 그것에서 덜 할 수도 없나니 하나님이 이같이 행하심은
사람들이 그의 앞에서 경외하게 하려 하심인 줄을 내가 알았도다

하나님은 우리를 유한한 존재로 지으셨다. 그리고 때를 따라 아름다움을 누리게 하셨지만, 그때가 정확히 언제인지에 대해서는 알 수 없게 하셨다. 우리는 시간의 흐름 안에 있지만 동시에 시간의 경계를 넘어선 세계를 갈망하며 살아간다. 이 땅의 모든 일은 하나님이 주관하신다. 인간이 아무리 계획을 세워도 결국 이루어지는 것은 하나님의 뜻 안에 있다. 사람이 아무리 뛰어나 보여도 하나님의 섭리 앞에서는 한계가 분명하다. 사람은 결국 유한한 인간일 뿐이다.

그러나 그 유한함 속에서 우리는 더 귀한 것을 본다. 우리의 한계는 절망이 아니라 영원을 향한 통로다. 유한한 삶을 통해 우리는 영원한 생명이 있음을 깨닫는다. 이 땅의 시간은 지나가지만 오직 하나님의 뜻은 영원히 서며, 예수 그리스도 안에서 주시는 생명은 영원하다.

하나님의 행하심을 묵상하다 보면 자연스럽게 하나님을 경외하게 된다. 하나님은 어제나 오늘이나 영원토록 동일하시다. 그 앞에서 우리는 겸손해질 수밖에 없다. 작은 우리를 품으시고 영원한 생명을 허락하시는 하나님 앞에 경외함으로 선다.

그러나 삶의 현장에서 우리는 자주 한계를 경험한다. 계획대로 되지 않는 일, 바꿀 수 없는 상황, 인간관계의 어려움, 생명의 유한함 등 이 모든 경험은 우리로 하여금 하늘을 바라보게 한다. 그때 우리는 영원하신 하나님을 묵상하며 예수님을 통한 영생의 은혜를 더 깊이 붙든다.

예수님은 유한한 인간의 몸으로 이 땅에 오셔서 우리에게 영생을 주셨다. 그분을 믿는 자마다 멸망하지 않고 영원한 생명을 얻게 하셨다. 오늘 하루도 하나님이 허락하신 기회이며, 우리는 이 하루를 통해 영원하신 하나님을 예배하는 자로 다듬어지고 있다.

종교개혁자 존 칼빈은 하나님을 아는 지식과 나 자신을 아는 지식은 연결되어 있다고 말했다. 하나님을 깊이 알수록 우리의 유한함과 부족함을 더 분명히 보게 된다. 하나님을 알아갈수록 더욱 지혜로운 삶을 살 수 있다. 오늘 하루의 시간 속에서 영원하신 하나님을 예배하자.

묵상을 위한 질문

바쁘고 제한된 하루 속에서 나는 어떻게 영원하신 하나님을 바라보고 있는가?
내 계획과 능력의 한계를 느낄 때도 하나님의 주권 앞에서 겸손과 경외를 잃지 않고 있는가?

오늘의 기도

유한한 인생 속에서 영원하신 하나님의 뜻을 바라보게 하소서. 오늘도 하나님의 행하심 앞에 겸손히 반응하며 경외함으로 살게 하소서.

실패 위에 다시 열린 길

오늘의 말씀 전도서 3장 15절
이제 있는 것이 옛적에 있었고 장래에 있을 것도 옛적에 있었나니
하나님은 이미 지난 것을 다시 찾으시느니라

인생을 살아가다 보면 한 번의 실수로 너무 많은 것을 잃었다고 느낄 때가 있다. '그때 그 선택만 하지 않았더라면, 시간을 돌릴 수만 있다면…' 하는 후회가 밀려온다. 그러나 전도서는 이렇게 말한다. "하나님은 이미 지난 것을 다시 찾으신다." 이 말씀은 우리에게 회복의 하나님, 은혜의 하나님을 다시금 기억하게 한다.

하나님은 단지 우리의 미래만이 아니라 지나간 과거까지도 주관하신다. 우리가 보기에 다 끝난 것처럼 보이는 일, 되돌릴 수 없는 시간일지라도 하나님은 그 자리에서 길을 내시고, 잃은 것을 되찾게 하신다.

베드로가 바로 그랬다. 그는 예수님의 수제자였고, 사람들 앞에서 주님을 위해 목숨도 바치겠다고 장담했다. 그러나 예수님이 잡히시던 밤, 그는 세 번이나 주님을 모른다고 부인했다. 닭이 울자 그는 자신의 실수를 깨닫고 통곡했다. 그 순간 그의 인생은 실패와 부끄러움으로 얼룩진 것처럼 보였다.

그러나 주님은 그런 베드로를 포기하지 않으셨다. 부활하신 주님은 갈릴리 바닷가로 그를 찾아가셨다. 세 번의 질문으로 그의 사랑을 다시 확인하시고, "내 양을 먹이라"는 사명을 맡기셨다.

그날 이후 베드로는 완전히 달라졌다. 초대교회의 지도자가 되었고, 담대히 복음을 전해 하루에 삼천 명이 회개하는 역사를 경험했다. 하나님은 베드로의 지나간 과거를 다시 찾으시고, 그의 실패 위에 새로운 사명을 세우셨다.

오늘도 하나님은 우리의 잃어버린 마음, 무너진 신뢰, 실패로 얼룩진 과거 속에서 새로운 은혜의 길을 여신다. 우리가 해야 할 일은 낙심 속에 머무는 것이 아니라, 다시 하나님을 붙드는 것이다. 지나간 시간만 붙잡지 말고, 그 자리에 서 계신 하나님을 바라보며 다시 일어서는 용기를 내야 한다.

하나님은 어제의 나도 오늘의 나도 사용하신다. 이미 끝난 것처럼 보이는 순간 속에서도 하나님은 우리를 다시 찾으신다. 그래서 과거의 상처는 오늘의 은혜이고, 실패는 간증이며, 넘어짐은 일어섬의 발판이다.

묵상을 위한 질문

과거의 실수나 실패를 통해 어떤 영적인 유익을 배웠는가?
하나님이 그 시간을 회복하시고 다시 쓰실 수 있다는 믿음으로 오늘 무엇을 새롭게 시작할 수 있을까?

오늘의 기도

이미 지나간 인생의 시간까지도 다시 찾으시고 회복시키시는 하나님을 신뢰하며 의지하게 하소서. 과거의 실수와 상처 위에 새로운 은혜의 이야기를 쓰게 하소서.

즐겁게 일하는 큰 복

오늘의 말씀 전도서 3장 22절

그러므로 나는 사람이 자기 일에 즐거워하는 것보다 더 나은 것이 없음을 보았나니 이는 그것이 그의 몫이기 때문이라 아, 그의 뒤에 일어날 일이 무엇인지를 보게 하려고 그를 도로 데리고 올 자가 누구이랴

이 말씀은 우리가 미래를 알 수 없고, 죽음 이후를 정확히 알 수 없기에, 현재 주어진 일에 충실하며 기쁨을 누리는 것이 지혜로운 태도임을 강조한다. 전도자는 인생의 모든 시기를 바라보며 결국 오늘이라는 시간, 지금 내가 맡은 일을 기쁘게 감당하는 것이 복된 길이라고 말한다.

본문에서 핵심적으로 등장하는 단어는 '몫'이다. 이는 하나님이 각 사람에게 나누어 주신 몫, 즉 인생의 몫을 뜻한다. 하나님은 각자에게 맞는 복을 주셨고, 우리는 그 복을 누리며 살아간다. 이 몫을 뜻하는 '분깃'은 단순한 환경이 아니라 하나님이 계획하시고 내게 맡기신 특별한 사명과 자리라는 의미를 담고 있다. 이것은 하나님이 내 인생에 주신 복을 감사하며 그것을 누리라는 뜻이다. 어떤 사람에게는 가정이, 어떤 이에게는 직장이, 또 다른 이에게는 교회나 자녀가 분깃일 수 있다.

우리는 종종 남과 비교하며 '왜 나는 이것밖에 안 될까?', '왜 저 사람은 더 많은 것을 누릴까?'라고 생각한다. 그러나 하나님은 각 사람에게 가장 알맞은 복을 나누어 주셨다. 내게 주신 복을 소중히 여기고 감사할 때 삶은 의미 있고 아름답게 빛난다.

어떤 이들에게는 재정의 복을, 또 다른 이들에게는 좋은 만남이나 좋은 교회, 혹은 일을 잘 풀 수 있는 지혜를 주셨다. 이 모든 것이 하나님이 우리 각자에게 주신 복이다. 전도자는 분깃을 기뻐하라고 하면서, 동시에 사람이 미래를 예측하거나 통제할 수 없다는 사실을 지적한다.

우리가 아무리 준비하고 계획해도 내일은 하나님만 아신다. 그렇기에 오늘 내게 주어진 일에 충실하고, 하나님을 신뢰하며 살아가는 것이 가장 확실한 선택이다.

고된 업무, 반복되는 일상, 실패와 시행착오를 겪다 보면 '이 일이 정말 내게 주신 복이 맞는가?'라는 의문이 들 수 있다. 그러나 하나님은 실수하지 않으신다. 내가 지금 서 있는 자리와 감당하는 일 모두 하나님이 주신 분깃이다. 그것을 어떻게 받아들이고 감당하느냐가 인생의 의미를 결정한다.

신실함과 즐거운 마음으로 맡은 일을 감당하는 태도를 하나님은 귀히 여기신다. 하나님이 내게 주신 분깃을 감사로 받아들이고, 오늘이라는 시간 속에서 기쁨을 누리는 사람이 진짜 복 있는 사람이다.

묵상을 위한 질문
하나님이 내게 주신 분깃은 일터, 관계 속에서 어떤 모습으로 나타나고 있는가?
나의 분깃을 불평이 아니라 감사로 받아들이며, 맡은 자리에서 성실히 감당하는가?

오늘의 기도
제 인생 가운데 주신 분깃이 있음을 믿습니다. 남과 비교하거나 미래를 염려하기보다, 오늘 주신 일을 즐겁게 감당하며 신실하게 살아가게 하소서.

성실, 가장 오래 남는 자산

오늘의 말씀 잠언 21장 5절
부지런한 자의 경영은 풍부함에 이를 것이나
조급한 자는 궁핍함에 이를 따름이니라

성실은 하나님이 기뻐하시는 삶의 방식이며 믿음의 표현이다. 하나님은 우리를 부지런함과 진실함으로 살도록 부르셨다. 게으름은 하나님의 뜻을 거스르는 죄다. 하나님이 주신 시간과 은사와 기회를 무의미하게 흘려보내는 것은 주님의 부르심을 가볍게 여기는 것이다.

우리가 성실하게 살아야 하는 이유는 분명하다. 그것이 하나님이 원하시는 삶의 태도이기 때문이다. 성경은 반복해서 부지런하라, 게으르지 말라고 가르친다. 로마서 12장 11절은 "부지런하여 게으르지 말고 열심을 품고 주를 섬기라"고 말씀한다. 잠언 곳곳에도 게으름에 대한 경고와 부지런함에 대한 약속이 가득하다. 게으른 자는 가난에 이를 것이고, 부지런한 자는 길이 열릴 것이다.

성실함은 성품의 뿌리이자 인생을 이끄는 힘이다. 당장의 성과보다 신뢰가 중요하고, 겉모습보다 내면의 내공이 중요한 시대다. 성실은 더욱 빛을 발한다. 하나님은 화려하게 드러나는 사람보다 묵묵히 자리를 지키며 맡은 일을 꾸준히 감당하는 사람을 통해 역사를 이루신다.

잠언 21장 5절은 부지런한 자의 경영은 풍족함에 이른다고 말씀한다. 여기서 말하는 '경영'은 단순한 사업이 아니라 삶 전반의 계획과 실행을 의미한다. 부지런함은 삶 전체를 견고하게 세우며, 조급함은 지혜를 잃게 하고 결국 스스로 무너지게 만든다. 성실은 시간이 지나야 드러나지만 반드시 열매를 맺는다. 진짜 자산은 눈에 보이는 것이 아니라 성실하게 쌓아 온 하루하루다.

성경은 우리에게 성실을 양식처럼 삼으라고 말씀한다. 매일의 태도로 삼으라는 뜻이다. 하나님은 성실한 자의 삶을 책임지시고 그 손에 풍성함을 맡기신다. 부지런한 자는 결국 필요한 것을 얻고, 그들의 삶에는 흔들리지 않는 뿌리와 열매가 맺힌다. 진실한 수고는 당장은 힘들어 보여도 결국 열매를 안겨 준다. 하나님은 우리가 눈앞의 유익보다 인생 전체의 방향을 보고 성실로 살아가길 원하신다.

최선의 결과는 재능이 많은 사람에게만 주어지는 것이 아니다. 가진 것을 아낌없이 사용하며 하루하루를 진실하게 살아낸 사람에게 주시는 하나님의 복이다. 성실은 결국 우리가 하나님 앞에서 어떻게 살아가고 있는지를 보여 주는 거울이다. 오늘도 게으름을 밀어내고 주어진 하루를 소중히 여기며 성실하게 살아가길 소망한다.

묵상을 위한 질문
지금 내 삶의 자리에서 성실을 기본 태도로 삼고 있는가?
결과보다 과정 속에서 성실과 내실을 세우는 훈련을 하고 있는가?

오늘의 기도
성실이 제 삶의 태도이게 하시고, 게으름을 멀리하며 주어진 일을 부지런히 감당하게 하소서.

위로자가 없는 시대

오늘의 말씀 전도서 4장 1절

내가 다시 해 아래에서 행하는 모든 학대를 살펴 보았도다
보라 학대 받는 자들의 눈물이로다 그들에게 위로자가 없도다
그들을 학대하는 자들의 손에는 권세가 있으나 그들에게는 위로자가 없도다

전도자는 인생의 모순을 살펴보면서 한 가지 고통스러운 현실을 이야기한다. 세상에는 학대받는 이들이 너무 많지만 그들을 위로해 주는 이가 없다. "보라 학대받는 자들의 눈물이로다 그들에게 위로자가 없도다"라는 말씀은 시대를 뛰어넘는 고발처럼 들린다.

학대는 언어와 정서, 경제와 관계 속에서도 일어난다. 무시하는 말 한 마디, 차별 섞인 태도, 과도한 비난도 모두 학대의 한 형태다. 어린 시절에 이러한 학대를 경험하면 내면에 깊은 상처를 입는다.

이 악순환을 끊는 길은 위로와 사랑이다. 우리는 여전히 직장에서, 학교에서, 가정에서 서로를 찌르고 평가하며 무시한다. 끊임없는 비교와 경쟁 속에서 지쳐간다. 그러나 누구나 위로받고 싶은 갈망이 있다. 그것을 채워 줄 참된 위로자가 필요하다.

예수님만이 우리의 참 위로자시다. 그분은 세상에서 가장 큰 학대를 당하셨고, 가장 깊은 외면을 겪으셨다. 그래서 우리의 아픔과 고통을 누구보다 잘 아신다. 그분의 사랑은 조건 없이 다가와 상처를 덮는다. 그 사랑을 묵상할 때 우리는 다시 살아갈 힘을 얻는다.

교회는 예수님의 사랑을 전하는 '더 큰 가정'이어야 한다. 위로와 사랑을 함께 나누고 치유하는 공동체여야 한다. 연약하지만 예수님 안에서 연결된 우리는 서로를 사랑하고 세워 주는 위로자가 되어야 한다.

우리가 복음을 전하는 이유도 여기에 있다. 사랑을 알지 못하는 이들에게 예수님의 사랑을 전하고, 상처 입은 영혼에게 참된 위로를 건네는 일이다.

우리 역시 때로는 어려움을 경험하고 힘든 일을 만난다. 그러나 먼저 예수님을 만난 우리가 위로자가 되어야 한다. 말 한마디, 눈빛 하나, 작은 배려가 누군가를 위로할 수 있다면 그 한 사람이 오늘을 견딜 힘을 얻는다. 그것이 복음이고, 하나님 나라가 임하는 방식이다. 오늘도 예수님의 위로와 사랑으로 넉넉히 이기고 더 많은 사랑을 나누는 하루가 되기를 소망한다.

묵상을 위한 질문
내 주변 사람들에게 힘과 용기가 될 수 있는 따뜻한 말과 행동은 무엇인가?
오늘 나는 어떤 방식으로 예수님의 사랑을 전하며 누군가를 위로할 수 있을까?

오늘의 기도
상처 입은 마음이 주님의 위로로 회복되게 하시고, 오늘 누군가에게 작은 위로와 사랑을 전하는 사람이 되게 하소서.

오늘 내게 주신 분복

오늘의 말씀 전도서 4장 4절

사람이 모든 수고와 모든 재주로 말미암아 이웃에게 시기를 받으니
이것도 헛되어 바람을 잡는 것이로다

전도자는 인생을 깊이 들여다보며 사람들이 성공을 위해 얼마나 애쓰는지를 관찰했다. 누구나 잘되고 싶어 하고 성공하고 싶어 한다. 그러나 그 노력의 출발점은 종종 시기심에서 비롯된다. 이웃보다 더 잘되고 싶은 마음, 남들보다 뒤처지지 않으려는 불안. 그것이 사람을 움직이고 인생의 동력이 되기도 한다.

다른 사람과 비교하면서 무리한 선택을 할 때가 있다. 사업도 마찬가지다. 경쟁사를 이기기 위해 과도하게 투자하고 무리하게 확장하다가 결국 무너지는 경우도 많다. 성공은 할지 몰라도, 삶은 피로와 불만으로 가득하다.

전도자는 말한다. 다른 사람의 시선을 끌기 위해 애쓴 수고와 재주는 결국 헛되며, 마치 바람을 잡는 것과 같다고. 시기심을 바탕으로 얻은 성공은 결코 행복을 가져다주지 않는다. 그것은 끊임없는 피로와 고통을 불러올 뿐이다. 우리가 배우고 익혀야 할 것은 조금 덜 가져도 만족할 줄 아는 삶의 태도다. 경쟁과 시기심이 발전과 성공의 동력이 되기도 하지만, 남이 가진 것과 비교하며 느끼는 불공평함은 결국 인생을 괴롭게 만든다. 경쟁심은 사람을 움직이지만, 마음에는 큰 상처를 남긴다.

하나님이 내게 주신 분복을 소중히 여기고 그것에 만족하는 것이 지혜다. 하나님이 주신 현재의 자리에 감사할 줄 아는 것이 참된 성공이다. 진짜 성공은 남보다 잘되는 것이 아니라 하나님께 쓰임받기에 합당하게 준비되고 그렇게 살아가는 것이다.

오늘 내가 정직하게 일하고, 가족과 평안하게 식사를 함께하며, 작은 유익을 나누는 삶이 하나님이 보시기에 복된 삶이다. 성공은 외적인 크기로 평가하는 것이 아니라, 마음에 기쁨과 만족이 따르는가로 평가해야 한다.

오늘도 내게 주신 분복을 인정하고 감사하는 마음으로 살아야 한다. 비교를 멈추고 조용히 내 길을 걷는 것, 그것이 평안의 길이고 참된 만족의 길이다. 경쟁심에서 벗어나 감사를 선택할 때 우리의 삶은 더 깊고 풍성해진다.

묵상을 위한 질문
다른 사람과 비교하며 불필요한 경쟁 속에 빠져 있지는 않은가?
오늘 내게 주신 분복에 감사하며 만족하고 있는가?

오늘의 기도
시기와 경쟁이 아닌 감사와 만족으로 오늘을 살게 하소서. 제게 주신 분복을 소중히 여기고 참된 성공을 향해 걷게 하소서.

한 손은 비워 두는 지혜

오늘의 말씀 전도서 4장 6절
두 손에 가득하고 수고하며 바람을 잡는 것보다
한 손에만 가득하고 평온함이 더 나으니라

우리는 두 손에 많은 것을 가득 쥐려 한다. 더 많이 갖고 더 높이 올라가고 더 인정받으려 하지만, 그런 욕심은 결국 삶을 무너뜨린다.

삶에서 우리가 종종 마주하는 현실이 있다. 한 분야에서 충분히 성공했음에도 더 큰 것을 욕심내다가 무너지는 경우다. 이미 높은 자리에 오르고 명예를 얻고 남들이 알지 못하게 많은 재산을 모았음에도, 권력까지 얻으려고 욕심을 낸다. 그러다 과거의 잘못이 드러나고 언론과 청문회의 비난을 당하는 일도 있다. 이 모든 것은 두 손에 다 성공을 쥐려는 욕심 때문이다.

두 손으로 성공을 잡으려 하지 말아야 한다. 이것만큼 헛되고 무의미한 수고는 없다. 성공이 진정한 행복으로 이어지려면 한 손에만 잡아야 한다. 나머지 한 손은 비워 두거나 평온함과 여유를 붙잡아야 한다. 그래야 숨 쉴 수 있고 웃을 수 있으며 행복을 누릴 수 있다.

다른 한 손을 비우기 위해서는 마음부터 내려놓아야 한다. 시기심을 내려놓고 과도한 경쟁심도 버려야 한다. 친구나 동료, 후배가 나보다 더 잘되고 앞서간다 해도 기꺼이 박수칠 수 있어야 한다. 비교하지 않고 감사하는 마음이 우리에게 평안을 가져다준다.

욕심은 모든 것을 무너뜨린다. 욕심은 죄로 자라나고, 죄는 결국 인생을 망친다. 주님 안에서 거룩한 야망이라는 것은 없다. 거룩한 야망이라는 말도 존재하지 않는다. 주님의 일을 한다고 하면서도 욕심이 섞이면 그것은 더 이상 주님의 일이 아니다. 단지 내 이름을 드러내기 위한 수단일 뿐이다.

하나님은 우리가 주어진 분량 안에서 충성하기를 원하신다. 내게 맡기신 사역이 있다면 그 범위 안에서 기쁨으로 감당하면 된다. 남과 비교하며 억지로 확장하거나 보여 주기 위한 사역은 하나님의 일이 아니라 나를 위한 수고에 불과하다.

우리 인생에는 반드시 여백이 필요하다. 한 손에만 성공을 잡아야 한다. 어떤 이는 여백을 '여분의 행복'이라고 표현했다. 삶에 여백이 있기에 우리는 비로소 행복을 누릴 수 있다. 성공은 욕심으로 두 손에 움켜쥐는 것이 아니라, 한 손만으로 붙잡고 다른 한 손은 비워 둘 줄 아는 지혜에서 이루어진다. 평온함은 여백에서 오고, 여백은 비워낸 마음에서 시작된다. 하나님은 그런 인생을 복된 인생이라 말씀하신다.

묵상을 위한 질문
나는 지금 두 손에 무엇을 쥐려 애쓰고 있는가?
한 손을 비우고 평온함을 누릴 수 있는 여유가 내 삶에 있는가?

오늘의 기도
성공을 모두 쥐려는 욕심을 내려놓고, 한 손은 비워 두는 지혜로 평온을 누리게 하소서.

성공했지만 행복하지 않은 사람

오늘의 말씀 전도서 4장 8절

어떤 사람은 아들도 없고 형제도 없이 홀로 있으나 그의 모든 수고에는 끝이 없도다
또 비록 그의 눈은 부요를 족하게 여기지 아니하면서 이르기를 내가 누구를 위하여는
이같이 수고하고 나를 위하여는 행복을 누리지 못하게 하는가 하여도
이것도 헛되어 불행한 노고로다

    열심히 일해 부를 이룬 사람이 있다. 끊임없이 수고하며 부요를 추구했지만 돌아보니 함께 나눌 가족도 친구도 없으며 외로운 삶만 남았다. 그는 어느 순간 이렇게 묻게 된다. '나는 누구를 위해 이렇게까지 애쓴 것인가.' '왜 나 자신은 행복하지 못한가.'

    전도자는 그것을 헛되고 불행한 노고라 말한다. 성공이 곧 행복은 아니다. 그 성공을 함께 누릴 사람이 없다면 그것은 고독하고 허무하다. 아무리 많은 재산을 모았다 해도 나눌 사람 없이 홀로 누리는 것은 기쁘지 않다. 성공은 혼자 이뤘을지 모르나 행복은 혼자 누릴 수 없다.

    오늘도 우리는 사랑하는 이를 위해 일한다. 많이 벌지 못할지라도 함께 나눌 대상이 있으면 행복한 사람이다. 사랑하는 사람을 위해 수고하고 땀 흘리는 모든 삶에는 의미가 담겨 있다.

    성공이 의미 있으려면 함께 누릴 사람이 있어야 하고, 그 성공이 흘러갈 방향이 있어야 한다. 돈을 많이 모으는 것도 중요하지만, 어떻게 사용할지를 아는 것이 더 중요하다. 돈이라는 도구를 통해 사랑을 표현하고 하나님 나라를 확장할 때 비로소 진정한 기쁨을 낳는다.

사람은 관계 속에서 의미를 발견하고, 사랑 속에서 존재 가치를 느낀다. 돈은 우리를 결코 만족시킬 수 없다. 관계가 단절된 부는 오히려 외로움을 깊게 만들고 이기심을 키운다. 그래서 하나님은 물질보다 관계를 중요하게 보신다. 우리의 부가 가정 안에서는 가족에게, 교회 안에서는 성도와 선교지로 흘러갈 때 하나님이 기뻐하시는 부요가 된다.

내가 얻은 것을 누군가와 나누고, 하나님의 일에 드릴 수 있다면 우리는 지금 성공 속에서 행복을 누리고 있는 것이다. 모으기만 하고 쓰지 못하면 그것은 짐이 되고 허무해진다. 성공은 함께 기뻐하고 함께 누릴 때 완성된다.

오늘도 일하는 목적이 분명해야 한다. 내가 번 돈으로 누군가가 웃을 수 있고, 하나님 나라가 세워지며, 다른 이의 삶에 희망이 더해진다면 그것이 우리의 기쁨이다. 나 혼자 쥐는 것이 아니라 함께 나눌 때 행복하다. 경제적으로 잘될 때마다 하나님을 더 잘 섬기고, 이웃과 나누며, 함께하는 이들과 행복을 누릴 줄 아는 지혜자가 되어야 한다.

묵상을 위한 질문
나는 지금 누구와 내 삶의 열매를 함께 나누고 있는가?
나의 수고와 성공이 누군가에게 위로와 기쁨이 되고 있는가?

오늘의 기도
성공만을 향해 달리기보다 사랑하는 이들과 함께 나눌 줄 아는 지혜를 주소서. 주님이 주신 것으로 누군가를 기쁘게 할 수 있는 하루가 되게 하소서.

넘어진 인생을 일으켜 줄 한 사람

오늘의 말씀 전도서 4장 9-10절

두 사람이 한 사람보다 나음은 그들이 수고함으로 좋은 상을 얻을 것임이라
혹시 그들이 넘어지면 하나가 그 동무를 붙들어 일으키려니와
홀로 있어 넘어지고 붙들어 일으킬 자가 없는 자에게는 화가 있으리라

인생은 예측할 수 없다. 누구나 한 번쯤은 예상치 못한 실패나 위기를 맞는다. 관계가 끊어지고, 재정이 무너지고, 마음이 무너져 주저앉는 순간이 온다. 그때 내 곁에 누가 있느냐가 인생을 가른다. 어려운 상황에서 곁에 도와줄 사람이 없다면 작은 문제로도 인생을 무너뜨릴 수 있다. 손을 내밀어 주는 단 한 사람만 있었어도 다시 일어설 수 있는 인생들이 있었다. 그러나 아무도 없었기에 무너졌고 돌아오지 못했다.

좋은 위로자는 내가 넘어졌을 때 말없이 손 내밀어 주고, 그 손을 끝까지 놓지 않으며 끌어올려 주는 사람이다. 그런 사람이 곁에 있다는 것만으로도 삶은 든든하다. 때론 함께 있어 주는 것도 큰 위로다. 넘어졌을 때 누군가가 있다는 것은 복이고, 그 복은 무너지지 않는 힘이 된다.

다윗은 인생의 고비마다 하나님이 보내신 위로자들을 통해 살아났다. 사울의 칼날 앞에서는 요나단이, 아들 압살롬의 반역 앞에서는 후새가 다윗을 살렸다. 모두가 등을 돌릴 때 누군가는 곁을 지켰고, 그 손길이 다윗을 일으켜 세웠다. 하나님은 우리를 외롭게 내버려두지 않으시고, 사람을 통해 위로하시며 회복시키신다.

삶의 경험 속에서도 동일하다. 대부분 인생의 한두 번쯤 위기를 겪지만, 그때 곁에서 손을 내민 친구가 있는 사람은 다시 일어설 수 있다. 반면, 혼자 버티는 사람은 그 자리에 주저앉을 수 있다. 위기를 이기는 힘은 실력이 아니라 관계에서 나온다.

위기를 겪을 때 함께 울며 지지해 준 사람들 때문에 일어설 수 있다. 넘어졌을 때 건네받은 지지와 격려의 손길은 평생 기억에 남는다. 하나님이 보내신 위로자는 신앙 여정 전체에 흔적을 남긴다.

우리는 서로에게 그런 위로자가 되어야 한다. 나만을 위해 사는 것이 아니라 누군가가 넘어졌을 때 붙들어 줄 수 있는 삶이 되어야 한다. 누구나 인생의 밤을 만나지만, 혼자가 아니면 무너지지 않는다. 함께 있어 줄 사람이 있다면 그 밤은 반드시 지나간다. 그리고 그 관계는 한 번의 만남이 아니라 오랜 시간의 사랑과 진심으로 쌓인다. 지금 곁에 있는 누군가와 그런 위로의 관계를 맺기 위해 기도하며 다가갈 수 있어야 한다.

묵상을 위한 질문
내가 넘어졌을 때 붙들어 준 위로자는 누구였는가?
누군가의 손을 붙들어 주기 위해 어떻게 해야 할까?

오늘의 기도
제 인생의 위기마다 위로자를 보내 주신 은혜를 기억합니다. 저도 누군가의 인생에 위로자가 되게 하소서.

따뜻함을 나누는 팀워크

오늘의 말씀 전도서 4장 11절
또 두 사람이 함께 누우면 따뜻하거니와 한 사람이면 어찌 따뜻하랴

위로자는 정서적으로 따뜻함을 제공하는 사람이다. 오늘 본문은 두 사람이 함께 누우면 따뜻하지만 한 사람만 있으면 따뜻하지 않다고 말한다. 이는 단순히 신체적 온기가 아니라 정서적 따뜻함과 유대감이 있는 사람이 행복하다는 뜻이다.

예전에 이 말씀을 읽으며 두 사람이 함께 있어도 서로 등을 돌리면 오히려 더 춥겠다는 생각을 한 적이 있다. 실제로도 그렇다. 같은 공간에 있어도 마음이 멀어지면 외로움은 깊어지고, 반대로 진심 어린 사랑과 우정이 있으면 그곳은 따뜻하다. 정서적 따뜻함이 바로 행복이다.

이 시대는 정서적으로 매우 추운 시대다. 아는 사람은 많지만 친구는 없다. SNS로 수많은 사람들과 연결되어 있지만 내 이야기를 진심으로 들어줄 한 사람을 찾기 어렵다. 필요와 유익에 따라 맺어진 관계는 금세 사라지고, 거기서 따뜻함은 나오지 않는다.

진짜 친구는 헌신과 희생 위에 세워진다. 서로를 위해 기꺼이 손해볼 수 있을 때 신뢰가 생기고, 그 신뢰가 쌓여 우정과 유대가 자라난다. 그래서 진정한 위로자는 쉽게 만들어지지 않고 그만큼 소중하다.

세상이 각박할수록 교회 공동체의 따뜻함이 더욱 중요하다. 믿음의 교제를 통해 우리는 진심을 나누고 격려와 위로를 받는다. 예배 속 은혜

도 크지만, 성도들과의 교제에서 얻는 정서적 따뜻함 역시 영혼에 큰 힘이 된다. 성령 안에서 하나 된 공동체는 서로를 지지하는 위로자의 역할을 기꺼이 감당한다.

삶이 지칠 때 내 이야기를 진심으로 들어주고 마음을 알아주는 위로자가 있다는 것만으로도 힘을 얻는다. 따뜻한 말 한마디, 작은 배려, 함께하는 기도는 상한 마음을 녹이고 무너진 내면을 세워 준다. 이런 정서적 유대감은 삶을 누리게 하는 힘이다.

누군가의 격려가 마음을 덮을 때 외로움은 사라지고 온기가 흐른다. 우리는 그 따뜻함을 누릴 뿐 아니라 흘려보내는 사람이어야 한다. 따뜻함을 나누는 사람이 있을 때 공동체는 하나님이 주신 위로의 장이 된다.

따뜻한 위로와 건강한 팀워크를 주고받으려면 내가 먼저 마음을 열고 다가가야 한다. 따뜻한 사람 곁에 따뜻함이 모이듯, 위로의 공동체는 내가 먼저 위로자로 설 때 시작된다. 하나님이 나를 먼저 위로하셨음을 기억하고 그 위로를 흘려보내야 한다.

묵상을 위한 질문

내 삶 속에서 정서적인 따뜻함을 함께 나누는 사람은 누구인가?
나는 지금 누군가에게 따뜻한 위로자가 되어 주고 있는가?

오늘의 기도

제 삶에 따뜻함을 나눠 주는 위로자를 보내 주셔서 감사합니다. 저 또한 누군가를 마음에 품고 위로할 수 있는 따뜻한 사람이 되게 하소서.

세 겹줄이 끊어지지 않는 이유

오늘의 말씀 전도서 4장 12절
한 사람이면 패하겠거니와 두 사람이면 맞설 수 있나니
세 겹줄은 쉽게 끊어지지 아니하느니라

인생의 위기와 어려움은 갑자기 찾아온다. 그때 곁에 누가 있느냐가 삶의 방향을 결정한다. 두 사람이 함께하면 위기에 맞설 수 있다. 함께하는 사람은 보호막이 되어 준다. 전도자는 이렇게 말한다. "세 겹줄은 쉽게 끊어지지 아니하느니라." 둘도 좋지만 셋은 더 강하다. 동역자가 많아질수록 힘은 커지고, 마음과 비전을 함께 나눌 때 그 연합은 결코 쉽게 무너지지 않는다.

세 겹줄은 단순히 세 개의 줄이 아니다. 서로 얽혀 단단하게 묶인 상태를 의미한다. 마치 새끼줄을 꼬아 하나의 강한 줄을 만드는 것처럼 서로 마음을 함께하고 비전을 공유하며 하나로 엮일 때, 그것은 결코 끊어지지 않는 강한 연합이 된다.

한 사람의 지지자만 있어도 큰 힘이다. 그런데 그런 위로자들이 둘, 셋 모여 서로 연결되면 그것은 위로를 넘어 변화를 일으키는 능력이 된다. 따뜻한 말 한마디도 혼자보다 함께할 때 힘이 배가 된다. 세 겹줄은 보호하고 일으키며 세우는 힘이 있다.

함께하는 사람이 많아질수록 역량은 커지고 결과는 강해진다. 이는 단순한 숫자의 문제가 아니라 같은 뜻과 비전을 품은 사람들의 연합 때문이다. 하나님 나라의 일을 위해 모인 공동체라면 함께 모일수록 더 큰 일을 감당할 수 있다. 한 사람의 꿈은 꿈으로 끝날 수 있지만, 여럿이 함께 꾸는 꿈은 현실이 된다.

하지만 공동체가 커질수록 위험도도 커진다. 뜻이 분열되거나 변질되면 큰 문제로 이어질 수 있다. 큰 교회가 다툼이나 분열을 겪으면 많은 작은 교회들이 영향을 받는 것처럼, 크기는 능력이 되기도 하지만 동시에 시험이 되기도 한다. 그래서 연합이 클수록 더 겸손히 말씀 앞에 서야 한다. 우리의 목표는 단순한 외적 확장이 아니라 복음의 선한 영향력을 확장하는 것이다.

세 겹줄의 중심에는 하나님이 계셔야 한다. 사람이 셋이라고 해서 반드시 강한 것은 아니다. 하나님 중심으로 연결된 관계만이 부서지지 않는 진짜 힘을 가진다. 서로의 약점을 덮고 강점을 살리며 겸손으로 연결될 때, 우리는 하나님 손에 쓰임받는 강한 줄이 될 수 있다. 오늘 내가 맺고 있는 관계 속에서, 하나님의 뜻을 이루는 영적 연합을 만들고 있는지 점검해야 한다.

묵상을 위한 질문
지금 내 인생에 함께 얽혀 있는 세 겹줄 같은 동역자는 누구인가?
나는 누군가와 마음과 뜻을 모아 하나님 나라를 위해 함께 서고 있는가?

오늘의 기도
혼자 설 때의 약함을 내려놓고, 함께 설 때 주시는 강함을 누리게 하소서.

하나님 앞에서 한 약속, 서원

오늘의 말씀 전도서 5장 4절
네가 하나님께 서원하였거든 갚기를 더디게 하지 말라
하나님은 우매한 자들을 기뻐하지 아니하시나니 서원한 것을 갚으라

서원은 하나님 앞에서 자신의 소원을 이루기 위해 드리는 맹세이자 약속이다. 사람은 보통, 특별한 은혜를 간구할 때 서원을 한다. 야곱은 고향을 떠나면서 하나님께 안전하게 돌아오게 해 달라고 간구하며 서원했고, 바울도 사역 중 자신의 서원을 지키기 위해 머리를 깎았다. 한나는 아들을 달라고 간절히 기도하며 그 아들을 하나님께 드리겠다고 서원했고, 그 결과 사무엘은 하나님의 사람으로 자라났다.

그러나 성경은 서원에 대해 신중하라고 가르친다. 인간은 변하지만 하나님은 변하지 않으시기 때문이다. 환경이 달라지고 시간이 지나면 사람은 쉽게 서원을 잊거나 지키지 않는다. 그러나 하나님은 우리의 서원을 기억하시고 그것을 신실하게 받으신다. 그래서 함부로 맹세하지 말고, 서원했다면 반드시 지키라고 하셨다.

서원은 신앙의 고백이자 인격의 표현이다. 하나님의 이름을 부르며 맹세했으면서도 가볍게 잊는다면 그것은 믿음 없는 행동이며 하나님을 가볍게 여기는 태도다. 반면, 비록 작은 약속이라도 그것을 지키기 위해 애쓰는 사람은 하나님께 신실한 자로 여겨진다. 또한 서원은 자신이 하나님께 드리는 약속이지 다른 사람에게 전가할 수 없다. 자녀를 위

한 서원을 했더라도 자녀가 동의하지 않으면 강요할 수 없다. 믿음이 부족할 때 감정적으로 했던 서원이 있다면 하나님께 솔직하게 회개하며 도움을 구해야 한다. 하나님은 우리의 연약함을 아시고 회개하는 자를 외면하지 않으신다.

중요한 것은 서원을 지키는 태도다. 하나님과 맺은 약속은 반드시 지켜야 하며, 사람과의 약속도 신실하게 지켜야 한다. 믿음은 말이 아니라 행동과 약속을 지키는 삶으로 드러난다. 오늘날처럼 신뢰가 무너진 시대일수록 그리스도인은 더욱 말에 무게를 두고 행동에 책임을 지며 살아야 한다.

약속은 우리의 신앙을 드러내는 중요한 자리다. 직장에서의 계약이나 거래 중에 한 말에 책임을 지는 태도는 그리스도인의 신뢰를 세우는 기초다. 사업상 맺는 계약서 한 장에도 정직함이 담겨 있어야 하고, 동료들과의 약속이나 업무 일정 하나에도 성실함이 배어 있어야 한다. 작은 약속일수록 더 정확하게 지키려는 자세가 우리 삶에 신뢰를 쌓는다. 하나님과의 약속을 소중히 여기는 사람은 사람과의 약속도 신실하게 지킨다. 그 삶은 세상 속에서 복음의 향기를 발한다.

묵상을 위한 질문
하나님께 드린 서원을 잊은 채 지내고 있지는 않은가?
사회 속에서 말과 약속을 책임 있게 지키며 살아가고 있는가?

오늘의 기도
주님께 드린 약속을 잊지 않고 신실하게 지켜가게 하소서. 사람 앞에서도 말에 무게를 두고 약속에 책임지는 믿음의 사람이 되게 하소서.

삶은 결국 행동으로 증명된다

오늘의 말씀 전도서 5장 7절
꿈이 많으면 헛된 일들이 많아지고 말이 많아도 그러하니
오직 너는 하나님을 경외할지니라

세상에는 꿈을 말로만 펼치는 이들이 많다. 청사진은 거창하지만 실천은 없다. 오늘 전도자는 "꿈이 많고 말이 많다 하여 그것이 다 유익한 것이 아니다"라고 단호히 말한다. 실제로 실행되지 않는 꿈은 공상에 불과하며, 실천 없는 말은 오히려 혼란을 낳는다.

실천 없는 계획은 일의 세계에서도 치명적이다. 수많은 회의와 보고서가 넘쳐나지만, 현장을 변화시키는 행동이 없다면 결국 조직은 정체된다. 진정한 리더는 말을 아끼고 묵묵히 실천하는 사람이다. "삶은 액션이다(Life is action)"라는 격언처럼, 삶은 생각이 아닌 실행으로 이뤄진다.

말만 앞세우고 책임을 지지 않는 사람은 신뢰를 잃는다. 그러나 작게 말하고 조용히 행동하는 사람은 결국 주위의 신뢰를 얻게 되고, 그 말의 무게가 깊어진다. 실천은 신뢰를 만들고, 그 신뢰는 관계를 변화시키며 공동체를 건강하게 세운다. 이 말씀은 리더에게만 해당하는 교훈이 아니다. 하나님 앞에서 모든 그리스도인은 실천하는 사람이어야 한다.

하나님을 경외한다는 것은 단순히 입술로 고백하는 것이 아니라 삶으로 순종하는 것이다. 예배에 참석하고 기도하고 말씀을 읽는 것도 중요하지만, 그 말씀을 따라 행동할 때 경외의 열매가 맺힌다.

유다서는 실천 없는 삶, 곧 외형만 그럴싸한 이단들을 "비 없는 구름", "뿌리까지 뽑힌 열매 없는 가을 나무"로 묘사한다(유 1:12). 말은 무성하지만 삶에는 진리의 흔적이 없는 자들은 결국 하나님 앞에서 아무런 생명도, 가치도 없다는 선언이다.

야고보서에는 "내일 돈을 벌면 주님을 위해 이것도 하고 저것도 하겠다"고 자랑하는 사람들에 대한 경고가 나온다. 말로는 하나님께 영광을 돌리겠다고 하지만, 결국 행함이 따르지 않아 그들의 경건이 거짓임이 드러난 것이다. 삶의 열매가 없다면 그 신앙은 죽은 신앙이다. 야고보서 2장 17절은 분명히 말한다. "행함이 없는 믿음은 그 자체가 죽은 것이라." 살아 있는 믿음이 되려면 반드시 행함으로 이어져야 한다. 말과 행동의 간극이 클수록 신앙은 힘을 잃는다.

하나님을 경외하는 삶은 추상적인 감정이 아니다. 그것은 오늘 하루의 언어, 업무의 태도, 인간관계의 모습 속에 구체적으로 드러나야 한다. 대화와 결정 속에, 나눔과 양보 속에 믿음을 입증해야 한다. 진정한 경외는 머리가 아닌 손과 발에서 증명된다.

묵상을 위한 질문

내 삶에서 말은 했지만 실행하지 못한 부분은 무엇인가?
하나님을 경외한다는 고백을 오늘 어떤 구체적인 실천으로 보여 줄 수 있는가?

오늘의 기도

말보다 행동으로 믿음을 살아내게 하소서. 실천하는 신앙으로 주님의 뜻을 따르게 하시고, 오늘 하루도 하나님을 경외함으로 순종의 열매를 맺게 하소서.

031 자기 일에 능숙한 사람

오늘의 말씀 잠언 22장 29절
네가 자기의 일에 능숙한 사람을 보았느냐
이러한 사람은 왕 앞에 설 것이요 천한 자 앞에 서지 아니하리라

자기 일에 충실하고 능숙한 사람은 그 탁월함으로 귀하게 쓰임 받는다. 하나님은 성실함 위에 탁월함을 세우신다. 잠언은 자기 일에 능숙한 사람은 천한 자 앞에 서지 않고 왕 앞에 서게 된다고 말한다. 이는 실력 있는 사람이 결국 존귀한 자리로 인도된다는 뜻이다.

현대 사회는 속도와 다양성의 시대다. 많은 사람이 여러 분야를 시도하지만 정작 한 가지 일에 깊이 들어가 전문성을 갖춘 사람은 드물다. 그러나 하나님의 지혜는 한 가지 일에 집중하라고 말한다. 내게 주어진 자리에서 최선을 다해 뿌리내리는 것이 하나님의 방식이다.

다른 사람의 일에 눈 돌리지 말고 내가 맡은 일에 몰입해야 한다. 오늘 나의 직장과 일, 그리고 삶의 자리는 하나님이 내게 주신 자리다. 그곳에서 비교가 아닌 정직함과 전문성으로 세워질 때 하나님은 그 자리를 귀하게 만드신다. 묵묵히 자리를 지키며 실력을 쌓고 인정을 받는 사람은 시간이 지날수록 존귀한 자리에 선다.

탁월함은 단기간에 얻을 수 없다. 작은 일을 충실히 해내는 사람이 결국 탁월함의 자리에 도달한다. 사람의 평가보다 하나님의 시선을 의식할 때 그 사람은 결국 왕 앞에 서는 은혜를 누린다.

신앙인은 믿음만 좋고 일에는 무능한 사람이 되어서는 안 된다. 하나님은 맡은 일을 잘 감당하는 사람을 기뻐하신다. 사무엘도, 다윗도, 느헤미야도 모두 자기 자리에서 탁월함을 보인 사람들이었다. 자기 일에 능숙한 자는 사명 앞에 성실한 자다.

많은 크리스천 리더도 신앙과 실력을 함께 갖춘 이들이었다. 다니엘이 왕의 총애를 받은 것은 믿음 때문만이 아니었다. 지혜와 총명, 정확한 판단력, 그리고 탁월한 일 처리 능력이 있었기에 누구보다 인정받았다. 바울 역시 회당과 도시의 광장에서 누구와도 수준 있게 대화할 만큼 준비된 사람이었다. 하나님은 성실한 준비와 꾸준한 훈련 속에서 역사하신다.

그리스도인은 일터에서 하나님의 대사다. 우리가 일을 대하는 태도가 곧 하나님 나라를 대표하는 모습이다. 신실함은 단순한 도덕의 문제가 아니라 복음을 전하는 능력과 연결된다. 맡은 일을 대충 하거나 책임을 회피하면 복음도 가볍게 여겨지지만, 정직과 최선으로 신뢰를 주는 삶은 곧 복음의 통로가 된다.

묵상을 위한 질문

나는 지금 맡은 자리에서 능숙한 사람으로 성장하고 있는가?
전문성과 성실함으로 하나님께 쓰임 받을 준비가 되어 있는가?

오늘의 기도

오늘의 일을 소홀히 하지 않고, 언제 어디서든 정직과 성실함으로 감당하게 하소서. 제 삶을 잘 준비하여 하나님께 귀하게 쓰임 받는 도구 되게 하소서.

돈이 줄 수 없는 행복

오늘의 말씀 전도서 5장 10절

은을 사랑하는 자는 은으로 만족하지 못하고
풍요를 사랑하는 자는 소득으로 만족하지 아니하나니 이것도 헛되도다

돈이 많으면 행복할 것이라는 기대가 누구에게나 있다. 가난한 사람도, 부유한 사람도 모두 돈이 필요하다고 생각하며, 조금만 더 있으면 더 나아질 것이라는 환상을 갖는다. 그러나 돈과 행복은 절대 쉽게 같이 가지 않는다. 성경은 분명히 말한다. 은을 사랑하는 자는 은으로 만족하지 못하고, 소득이 많아도 행복하지 않다고. 돈 자체가 만족과 행복을 줄 수 없다는 것이 성경의 진리다.

돈을 사랑함이 일만 악의 뿌리다. 돈을 사랑하면 탐심이 생기고, 탐심은 모든 죄의 근원으로 자라난다. 그러므로 돈은 사랑의 대상이 아니라 잘 다스려야 할 대상이다. 우리는 성경에서 말씀하는 돈을 다스리는 법을 반드시 배워야 한다. 하나님은 처음부터 사람이 돈으로 만족할 수 없게 창조하셨고, 그 갈증은 하나님의 은혜로만 채워지도록 하셨다.

절대적 빈곤에 처한 사람들이 일정 수준의 재정 회복을 경험하면 행복을 느낄 수 있다. 그러나 더 많은 돈이 더 큰 행복을 보장하지 않는다. 오히려 많은 걱정과 불안, 소유욕과 비교를 불러온다. 돈은 처음엔 달콤하지만 결국 더 큰 갈증을 남긴다. 그러므로 돈을 더 가지려 하기보다 어떻게 다루고 관리할지를 배우는 것이 중요하다.

우리는 헌금을 통해 하나님이 나의 주인이심을 고백한다. 헌금은 돈의 노예가 되지 않고 재정을 하나님의 뜻대로 사용하는 훈련이다. 하나님께 드림으로써 우리는 돈을 다스리고 통제하는 힘을 얻는다. 성경 속 인물들도 돈을 잘 관리하여 그것을 하나님 나라의 도구로 삼았다. 말씀 안에서 돈을 관리하면 돈이 행복의 통로가 되지만, 욕심으로 다루면 일평생 돈의 노예로 살아가게 된다.

돈은 벌 수 있지만 행복은 벌 수 없다. 행복은 오직 하나님이 주시는 선물이다. 하나님은 우리의 만남 속에서, 일상의 성취 속에서, 쉼과 기도와 교제 속에서 행복을 허락하신다.

아침 햇살이 따뜻하게 느껴지고, 가족의 웃음에 함께 미소 짓고, 맛있는 음식을 나누며, 말씀 한 구절에 위로받는 순간이 바로 하나님이 주신 작은 행복의 선물이다. 그 은혜를 가볍게 여기지 말고 감사히 간직하며 누려야 한다. 그것이 하나님이 주신 복을 누리는 삶이다.

묵상을 위한 질문
나는 지금 내 만족을 돈에서 구하고 있지 않은가?
내 삶에 이미 주신 작은 행복들을 어떻게 소중히 여기며 살아가는가?

오늘의 기도
돈이 아닌 주님 안에서 참된 행복을 누리게 하소서. 작은 은혜와 순간 속에서 주시는 기쁨을 감사히 발견하게 하소서.

돈, 유익과 한계 사이

오늘의 말씀 전도서 5장 11절

재산이 많아지면 먹는 자들도 많아지나니
그 소유주들은 눈으로 보는 것 외에 무엇이 유익하랴

재산이 많아지면 누릴 수 있는 것도 함께 많아진다. 그러나 그 즐거움에는 반드시 한계가 있다. 오늘 말씀은 재산이 늘어날수록 '먹는 자들'이 많아진다고 지적한다. 이는 단순히 함께 식사하는 사람의 수를 말하는 것이 아니라, 그 재산에 의존하는 모든 이를 포함한다. 직원, 거래처, 관리인, 법무·세무·노무 대행 등 자산을 유지하기 위해 얽힌 이들이 해당된다.

사업을 하며 자산이 증가할수록 관리의 복잡성은 기하급수적으로 늘어난다. 직원 수가 늘어나면 인건비, 복지, 갈등 조율, 인사 평가, 퇴직 처리 등 다양한 부담이 생기고, 그들의 삶에 대한 간접적 책임까지 져야 한다. 또한 법률 문제, 세무 이슈, 노무 분쟁도 재산이 클수록 더 정밀하게 대비해야 한다. 겉으로는 풍요로워 보일지 모르지만, 실제로는 끊임없는 돌봄과 통제, 유지와 피로의 연속이다.

더욱이 재산의 소유자라고 해서 그 모든 것을 온전히 누리는 것도 아니다. 고급 빌딩을 소유하고 있어도 직접 사용하는 공간은 제한적이다. 수많은 관리와 보고 속에 하루가 흘러가며, 결국 전도자의 말처럼 "소유주들은 눈으로 보는 것 외에 무엇이 유익하랴"는 탄식이 현실이 된다. 내 것이라 자랑할 수는 있어도 실제로 누리지 못한다면, 그것이 어떤 의미가 있겠는가? 부는 많아질수록 누릴 것도 늘지만, 결국은 한계에 도달하고 더 이상 채울 수 없는 지점에 이른다.

이 교훈은 오늘날 기업을 운영하는 경영자들에게도 해당된다. 처음에는 작은 회사를 시작하며 모든 것을 직접 결정하고 책임졌지만, 시간이 흐르며 사람과 시스템이 늘어나면 어느 순간 의도보다 시스템이 회사를 움직이기 시작한다. 재산과 조직이 커질수록 주인의 자리는 점점 더 외로워지고, 통제보다 의존의 비중이 커진다.

이런 현실을 지혜롭게 받아들이기 위해서는 물질의 유익을 도구로 보아야 한다. 하나님이 맡기신 자산이라는 관점에서 바라볼 때 비로소 진정한 자유와 기쁨이 가능하다. 그 유익이 단순히 '내 것'이라는 자랑으로 끝나지 않고, 선한 목적에 사용될 때에야 하나님 앞에서 의미 있는 자산이 되는 것이다.

묵상을 위한 질문

나의 자산은 얼마나 나를 기쁘게 하고 있으며, 또 얼마나 나를 지치게 하고 있는가? 나의 모습과 나의 소유를 어떻게 하나님을 위해 사용할 수 있을까?

오늘의 기도

재산이 많아질수록 주어지는 책임도 커짐을 기억하게 하소서. 주님이 맡기신 뜻에 따라 선하게 사용하는 청지기가 되게 하소서.

돈은 근심을 동반한다

오늘의 말씀 전도서 5장 12절
노동자는 먹는 것이 많든지 적든지 잠을 달게 자거니와
부자는 그 부요함 때문에 자지 못하느니라

사람들이 가진 돈에 대한 대표적인 환상은 돈이 많으면 걱정이 줄어들 것이라는 생각이다. 우리가 가장 자주 하는 걱정이 돈과 관련되어 있기 때문이다. 그래서 돈이 많아지면 근심도 사라질 것이라 기대하지만, 성경은 그렇게 말하지 않는다.

돈이 많으면 근심이 줄어드는 것이 아니라 오히려 더 많아진다. 늘 자산을 확인해야 하고, 더 많은 이익을 추구하느라 쉼 없이 고민하고 염려한다. 소유가 늘수록 책임과 걱정도 커진다. 그래서 진짜 근심은 없는 상태보다 있는 상태에서 더 크게 다가온다.

근심은 돈의 문제가 아니라 믿음의 문제다. 하나님을 향한 신뢰가 없을 때 근심은 커지고, 믿음이 세워질 때 근심은 사라진다. 하나님이 나를 인도하시고 책임지신다는 믿음 위에 설 때 마음의 평안이 찾아온다. 예수님은 하늘의 새도 먹이시고 들의 꽃도 입히시는 하나님의 손길을 기억하라고 말씀하셨다.

하나님의 돌보심을 묵상하는 것이 근심을 없애는 첫걸음이다. 또한 돈으로 인한 근심을 줄이려면 소득을 늘리려는 방향보다 지출을 조절하는 방향으로 바꿔야 한다.

100을 벌어 80을 쓰는 사람은 조금 불편해도 자유롭지만, 100을 벌어 110을 쓰는 사람은 겉보기엔 편해 보여도 늘 불안하다. 근심은 소비에서 시작된다. 욕심은 더 큰 욕심을 낳고, 그 끝에는 무너짐이 있다.

과소비는 단순히 생활 습관이 아니라 탐심이라는 죄로 이어지는 문이다. 돈을 쓰는 방식에서 신중함과 절제는 영적 훈련이다. 근심을 줄이려면 더 벌 생각보다 덜 쓰는 훈련이 필요하다. 이스라엘 백성이 광야에서 40년 동안 만나와 메추라기로 살았던 것은 "사람이 떡으로만 사는 것이 아니요 여호와의 입에서 나오는 모든 말씀으로 사는"(신 8:3) 진리를 몸으로 배우는 과정이었다. 우리의 삶도 마찬가지다. 근심이 사라지는 때는 돈이 많아질 때가 아니라 하나님을 더 의지할 때다.

돈으로는 잠 못 이루는 밤을 해결할 수 없다. 잠을 주시는 분도, 마음을 평안케 하시는 분도 하나님이시다. 오늘도 우리의 시선을 돈이 아니라 하나님께로 돌려야 한다. 하나님을 바라보는 믿음이 있을 때에만 진정한 평안과 쉼을 누릴 수 있다. 돈을 따르는 삶에서 벗어나 하나님을 신뢰하는 삶을 선택할 때, 근심 없는 하루를 살 수 있다.

묵상을 위한 질문
나는 지금 돈을 벌기 위한 근심 속에 사로잡혀 있지는 않은가?
내 소비 습관은 믿음으로 살아가는 방식과 일치하는가?

오늘의 기도
돈이 아니라 하나님을 신뢰하는 믿음 위에 제 인생을 세우게 하소서. 불안과 근심을 내려놓고 주님의 돌보심 안에서 평안을 누리게 하소서.

소유의 무게, 누림의 한계

오늘의 말씀 전도서 5장 17절
일평생을 어두운 데에서 먹으며 많은 근심과 질병과 분노가 그에게 있느니라

솔로몬은 부자들의 삶을 바라보며 한 가지 분명한 사실을 발견했다. 돈을 지키려는 집착이 오히려 삶을 더 어둡고 고통스럽게 만든다는 것이다. 이들은 돈을 벌기 위해 열심히 일하고, 벌어들인 돈을 지키기 위해 전전긍긍하며, 더 많은 이익을 얻기 위해 끊임없이 자신을 채찍질한다. 그러나 그렇게 살아가는 동안 삶은 어두워지고, 마음은 근심에 짓눌리며, 몸은 질병에 시달리고, 기대에 못 미친 결과 앞에서는 분노가 쌓인다. 가진 것이 많아도 기쁨이 없고, 여유가 있어도 평안이 없다.

그 이유는 돈이 영원할 것이라는 착각 때문이다. 돈은 움직이며 언제든 사라진다. 아무리 지키려 해도 결국 우리 모두는 그 돈을 이 땅에 남겨둔 채 떠나야 한다. 이 단순한 진리를 인정하지 않으면 평생 돈의 노예가 되어 어두운 인생을 살 수밖에 없다.

그리스도인은 돈을 대하는 지혜가 필요하다. 돈을 모으는 것도 중요하지만, 돈을 어떻게 쓰느냐가 더 중요하다. 돈이 우리에게 완전한 행복을 주지는 않더라도 불행의 원인이 되지 않도록 해야 한다. 그러려면 단지 모으고 지키는 데만 집중해서는 안 된다. 돈을 바르게 사용하는 법을 배워야 한다. 가장 지혜로운 사용법은 하나님 나라를 위해 투자하는 것이다. 예수님은 보물을 땅에 쌓지 말고 하늘에 쌓으라고 말씀하셨다.

하늘에 쌓은 보물은 훔칠 수 없고 결코 사라지지도 않는다. 하나님께 드린 헌금, 이웃을 돕는 손길, 복음을 전하는 일에 사용하는 돈은 하나님 나라에 영원한 보상으로 남는다. 이 땅에서도 하나님의 공급하심을 누리는 복의 통로가 된다.

존 웨슬리는 돈에 대해 이렇게 말했다. "벌 수 있는 한 최대한 벌고, 저축할 수 있는 한 최대한 저축하며, 줄 수 있는 만큼 기꺼이 주어라."

돈을 관리하지 못하면 돈이 나를 지배하게 되고, 돈이 지배하는 삶은 어둠으로 가득하다. 그러나 돈을 하나님이 주신 도구로 알고 그 뜻에 따라 사용할 때, 기쁨과 평안과 감사의 통로가 된다.

내 삶에 근심과 짜증이 가득하다면 돈을 어떻게 벌고, 어떻게 쓰고 있는지를 점검해야 한다. 돈은 좋은 도구가 될 수도 있고, 나를 파괴하는 주인이 될 수도 있다. 그러므로 우리는 매 순간 물질을 대하는 태도를 하나님 앞에 다시 세워야 한다.

묵상을 위한 질문
돈을 지키는 데 집착하며 오히려 불안한 삶을 살고 있지 않은가?
하나님 나라를 위해 기쁨으로 사용하는 재정이 내 삶에 얼마나 있는가?

오늘의 기도
돈을 사랑하지 않게 하시고 주신 도구로 바르게 다루게 하소서. 근심과 분노가 아닌 기쁨과 평안의 통로로 지혜롭게 사용하게 하소서.

일할 힘도, 누릴 마음도 은혜다

오늘의 말씀 전도서 5장 19절

또한 어떤 사람에게든지 하나님이 재물과 부요를 그에게 주사 능히 누리게 하시며
제 몫을 받아 수고함으로 즐거워하게 하신 것은 하나님의 선물이라

이 세상에는 수많은 사람이 각자의 직업과 생계를 따라 살아간다. 이렇게 많은 사람이 먹고사는 모습을 보면 놀랍기까지 하다. 그러나 이것은 우연이 아니다. 사람마다 필요한 재물을 얻게 하시고 그 삶을 유지하게 하는 분은 하나님이시다.

하나님은 사람마다 다른 방식으로 재물을 얻게 하신다. 누구에게는 많이, 누구에게는 적게 주시지만 그 모든 분량은 하나님의 선물이다. 재물을 모으는 능력도, 누리는 기쁨도, 그것을 지혜롭게 관리하는 마음도 모두 하나님이 주시는 은혜다.

그러므로 돈을 나의 노력의 결과로만 보아서는 안 된다. 많은 재물을 얻고 싶다면 기도해야 한다. 부자가 되는 것도 하나님의 손에 달려 있으며 돈 버는 능력 자체도 하나님의 선물이기 때문이다. 그러나 단지 돈을 많이 벌게 해 달라고만 구하지 말고, 그것을 바르게 다루고 누릴 수 있는 신앙의 균형과 마음의 준비를 함께 구해야 한다.

하나님은 간절히 구하는 자에게 복을 주시되, 그것이 교만이나 타락으로 흐르지 않도록 지혜를 더해 주신다. 돈을 벌 수 있는 능력도 선물이지만, 주셨을 때 감사하며 누릴 수 있는 마음도 선물이다.

하나님이 재물을 맡기신 이유는 분명하다. 그것으로 하나님의 뜻을 이루고, 가난한 이웃을 돌아보며, 선한 일을 행하라는 사명이 있기 때문이다. 주신 분의 뜻에 따라 사용할 때 그 물질은 참된 축복이 된다. 중요한 것은 누리는 능력이다. 많은 재물을 가지고도 누리지 못하는 사람이 있다. 더 가지려고만 하거나, 지금을 즐기지 못하고 불평과 불안 속에 살아간다. 그러나 내게 주신 분량이 많든 적든, 그것을 하나님의 선물로 알고 감사하며 누리는 사람은 복되다.

재물을 즐거워하며 누릴 수 있는 기쁨도 하나님의 선물이며, 이 기쁨은 믿음과 감사에서 자란다. 하나님 뜻 안에서 누리는 재정은 진정한 만족을 준다. 그러므로 우리는 늘 기도해야 한다.

"하나님, 제게 주신 이 돈이 복이 되게 하소서."

재물을 얻고 누리는 능력은 하나님의 선물이다. 우리는 그 선물을 바르게 받아야 하며, 그 능력을 잘 사용해야 한다. 돈을 많이 버는 것을 두려워 할 필요는 없다. 다만 돈에 끌려다니지 않고, 하나님이 주신 뜻대로 관리하고 누리는 지혜를 구해야 한다.

묵상을 위한 질문
나는 재물을 버는 능력과 관리하는 지혜를 하나님의 선물로 여기고 있는가?
지금 내 삶 속에 있는 재정을 주신 분의 목적에 따라 사용하고 있는가?

오늘의 기도
재물을 모으고 누리는 능력이 하나님의 선물임을 고백합니다. 제게 주신 재정이 저를 무너뜨리는 것이 아니라, 하나님의 뜻에 맞게 지혜롭게 사용하게 하소서.

지금, 여기서

오늘의 말씀 전도서 6장 1절
내가 해 아래에서 한 가지 불행한 일이 있는 것을 보았나니
이는 사람의 마음을 무겁게 하는 것이라

전도서 6장은 이 땅에서 어떻게 하면 행복하게 살 수 있는지를 말한다. 전도자는 인생을 관찰하며 한 가지 불행한 일을 보았다고 한다. 그것은 사람들이 이 땅에서 행복하지 못한 모습이다.

불행은 사람의 마음을 무겁게 하고 삶을 더욱 고되게 만든다. 불행이라는 단어는 두 가지 의미를 담고 있다. 하나는 삶에서 불편함과 고통을 주는 현실이고, 또 하나는 하나님의 선한 뜻을 거슬러 살아가는 상태다. 그러나 하나님의 뜻은 분명하다. 우리를 행복하게 하시려는 것이다. 행복은 하나님의 선하신 뜻이며 우리에게 주신 복이다.

그럼에도 마음이 무거운 사람들에게 전도자는 하나님 안에서 주신 행복을 누리라고 권면한다. 지금, 여기가 행복해야 한다. 가정과 직장, 교회에서 행복하다면 그곳이 곧 천국이다. 그러나 불평과 분노로 가득하다면 그곳이 지옥이 된다. 물론 기질적으로 행복을 누리기 어려운 사람이 있다. 신중한 유형의 사람은 자기 반성이 강해, 자책하며 삶을 어둡게 본다. 완벽주의자는 기대가 늘 현실과 달라서 실망과 좌절을 반복한다. 우울 기질이 강한 사람은 세상을 회색빛으로 해석한다. 성장 배경이나 삶의 경험에서 비롯된 어두운 세계관도 이런 기질을 강화한다.

하나님은 우리가 그분의 은혜 안에서 행복하기를 원하신다. 아무리 많은 복을 받아도 그것을 느끼지 못하면 인생은 고단하다. 우리는 종종 과거의 상처에 매여 오늘을 잃고, 오지 않은 미래의 불안에 짓눌려 현재의 기쁨을 놓치곤 한다. 그러나 행복은 과거에도, 미래에도 있지 않다.

행복은 'Here and Now', 지금 여기에서 존재한다. 과거는 이미 지나갔고 미래는 아직 오지 않았다. 하나님이 주신 시간은 '오늘'이며, 우리에게 허락된 축복도 지금 이 순간이다. 그러므로 과거에 얽매이지 말고, 미래를 미리 걱정하지 말고, 오늘 누릴 수 있는 하나님의 선물을 소중히 붙잡아야 한다. 지금을 받아들이는 태도가 곧 믿음이며 감사이며 행복이다.

행복은 저절로 누릴 수 없다. 의도적으로 선택하고 훈련해야 한다. 감사의 말을 입에 담고, 지나간 은혜를 떠올리며, 작은 기쁨을 마음에 새겨야 한다. 하나님이 주신 삶을 해석하는 시선이 바뀔 때, 행복은 비로소 현실로 다가온다.

묵상을 위한 질문
나는 '지금', '여기'에서 주어진 행복을 누리고 있는가?
과거의 상처와 미래의 염려가 오늘의 행복을 방해하고 있지는 않은가?

오늘의 기도
제게 주신 자리에서 행복을 누릴 수 있는 눈과 마음을 열어 주소서. 과거에 머물지 않고 미래에 갇히지 않으며 오늘 이 순간의 은혜를 감사하며 살아가게 하소서.

행복은 누리는 것

오늘의 말씀 전도서 6장 2절

어떤 사람은 그의 영혼이 바라는 모든 소원에 부족함이 없어 재물과 부요와 존귀를 하나님께 받았으나 하나님께서 그가 그것을 누리도록 허락하지 아니하셨으므로 다른 사람이 누리나니 이것도 헛되어 악한 병이로다

바라는 모든 소원이 다 이루어진 사람이 있다. 그에게는 재물도 있고 부요도 존귀도 있다. 이 땅의 기준으로 보면 부러움의 대상이다. 가진 것이 많고 지위가 높으며 다른 사람들에게 인정받고 주목받는 삶이다. 우리가 생각하는 '성공한 인생'의 전형이다.

그러나 성경은 이 사람을 행복한 사람이라고 말하지 않는다. 오히려 "하나님께서 그것을 누리도록 허락하지 아니하셨다"고 표현한다. 가진 것이 많아도 그것을 누릴 수 없다면 진정한 의미에서는 아무것도 가진 것이 아니다. 이 모든 것은 결국 다른 사람의 몫이 되고 만다. 전도자는 그것을 "악한 병"이라고까지 표현했다. 참으로 깊이 생각하게 하는 말씀이다.

세상에는 많은 것을 가졌지만 행복하지 않은 사람이 많다. 오늘 말씀은 행복의 본질이 어디에 있는지를 다시 묻는다. 많은 것을 가졌다고 해서 행복이 보장되는 것이 아니며, 남들이 부러워한다고 해서 그 사람이 진짜 행복한 것도 아니다. 행복은 하나님이 허락해 주셔야 누릴 수 있는 복이다.

하나님이 주신 것을 하나님 안에서 누리지 못하면 그것은 오히려 무거운 짐이 된다. 우리는 살아가면서 무의식적으로 비교한다. 누가 더 가졌는지, 누가 더 높은 자리에 있는지 보며 나도 거기에 도달하면 행복해질 것이라 생각한다. 그러나 행복은 하나님께로부터 오는 것이며 하나님이 누리도록 하셔야 비로소 진짜 행복이 된다.

가진 것에 만족하지 못하고 늘 부족하다고 느끼는 마음은 끝없는 갈증을 낳는다. 하나님이 주신 것을 감사히 여기며 누리는 것이야말로 진짜 지혜이며 참된 행복의 시작이다. 하나님은 우리에게 더 큰 소유보다 더 깊은 만족을 주시길 원하신다. 지금 내게 있는 것이 무엇이든 귀히 여기고 누릴 줄 아는 것이 믿음이며 복이다.

하나님이 주신 것을 감사함으로 바라보고, 그것을 누릴 수 있는 마음을 주시도록 기도하자. 나의 기준이 아니라 하나님의 관점으로 행복을 재해석할 수 있어야 한다. 그때 우리는 진짜 복 있는 인생을 살아갈 수 있다.

묵상을 위한 질문
지금 내게 주어진 것들을 누리며 감사하고 있는가?
내가 바라보는 성공과 행복의 기준은 세상의 시선인가, 하나님의 뜻인가?

오늘의 기도
제게 주신 모든 것을 감사함으로 누리게 하소서. 세상의 기준이 아니라 하나님이 허락하신 복을 귀히 여기며 오늘의 삶을 기쁨과 감사로 살아가게 하소서.

오래 살아도 행복하지 않다면

오늘의 말씀 전도서 6장 6절
그가 비록 천 년의 갑절을 산다 할지라도 행복을 보지 못하면
마침내 다 한 곳으로 돌아가는 것뿐이 아니냐

사람들은 오래 사는 것을 복으로 여긴다. 그래서 어린 나이에 하나님의 부르심을 받은 아이들을 보면 안타까운 마음이 든다. 세상은 장수를 복으로 여기고, 오래 살수록 잘산 인생이라 생각한다.

물론 건강하게 오래 사는 것은 복이다. 그러나 삶에 기쁨과 의미가 없고 하나님이 주시는 평안과 행복이 없다면 아무리 오래 살아도 그것은 복이 아니라 고통일 수 있다. 천 년의 갑절을 살아도 행복을 보지 못하면 결국 "한 곳으로 돌아가는 것뿐"이라는 전도자의 말은 깊은 묵상을 던진다.

연로한 어르신들에게 "이 인생을 다시 살아보시겠습니까?"라고 물으면, 의외로 "아니오"라고 답하는 분이 많다. 그만큼 인생의 여정에는 고단함이 많고, 단지 시간의 길이가 인생의 가치나 복을 의미하지는 않는다. 그 안에서 얼마나 행복하고 감사하게 살았는가가 중요하다.

오래 사는 것도 귀하지만, 하루를 살아도 하나님이 주신 기쁨과 평안 안에 사는 것, 그것이 참된 복이다. 이 행복은 환경이나 성취가 아니라 하나님을 믿는 믿음, 예수님 안에 있는 구원, 그리고 영생의 소망에서 온다. 천국에 대한 분명한 믿음이 없는 사람은 이 땅에서 아무리 오래 살아도 불안하다. 그러나 우리는 돌아갈 집, 영원한 천국을 가진 사람들

이다. 하나님은 우리에게 삶의 시간만 주신 것이 아니라, 그 시간 속에서 복과 기쁨을 누리도록 예수님을 선물로 주셨다. 예수님 안에 있는 자는 하루를 살아도 감사하며 살 수 있고, 오래 살아도 평안과 의미를 잃지 않는다.

그러므로 우리의 삶은 단지 생존이 아니라 하나님이 주신 시간을 누리며 살아가는 사명이다. 그 사명은 내 곁에 있는 이들을 행복하게 하는 삶으로 확장해야 한다. 우리가 주님의 사랑을 받아 누리며 이웃에게 그 사랑을 흘려보낼 때 우리의 모든 날은 의미 있고 복된 날이 된다.

하나님 안에서 감사하며 누리는 삶도 중요하지만 현실적인 노후 준비 또한 지혜로운 삶의 일부다. 건강은 나이 들수록 소중한 자산이며, 평소의 습관과 관리가 노후의 삶의 질을 좌우한다. 또한 적은 금액이라도 꾸준한 저축과 연금 준비는 노후 부담을 더는 길이다. 모든 것이 하나님 손에 있지만, 우리에게 맡겨진 부분은 미리 준비하며 살아가는 것이 지혜로운 청지기의 삶이다.

묵상을 위한 질문
내게 주어진 인생을 감사와 기쁨으로 살아가고 있는가?
하나님이 주신 시간을 지혜롭게 사용하고 있는가?

오늘의 기도
제게 주신 날들을 감사함으로 받아 누리게 하시고, 하루를 살아도 기쁨으로 살며 영원한 천국 소망 안에서 평안하게 하소서.

누림의 한계

오늘의 말씀 전도서 6장 7절
사람의 수고는 다 자기의 입을 위함이나
그 식욕은 채울 수 없느니라

사람들이 열심히 일하고 수고하는 이유는 대부분 자기 자신을 위한 것이다. 더 좋은 것을 먹고, 더 좋은 삶을 누리기 위한 것이다. 수고의 목적이 무엇인지 묻는다면 결국 "좀 더 편하게 살기 위해서"라는 대답이 돌아온다.

전도자는 말한다. 사람은 자기의 입을 위해 수고하지만, 그 식욕은 절대 채워지지 않는다고. 소유는 점점 늘어나지만, 만족은 늘지 않는다. 더 비싼 음식, 더 좋은 환경, 더 많은 수입이 생겨도 사람의 마음은 여전히 허기지고, 영혼은 공허하다.

맛있는 음식을 먹는 기쁨은 분명한 행복 중 하나다. 따뜻한 국물 한 숟가락에 위로받고, 사랑하는 사람과 함께한 식사 한 끼에 삶의 힘을 얻기도 한다. 하나님이 주신 음식을 맛있게 먹고 감사히 누리는 것은 소중한 행복이다.

문제는 더 많이, 더 자극적인 것을 끊임없이 갈망할 때 시작된다. 욕심은 만족을 빼앗고 비교하게 만들며, 지금 있는 은혜를 가볍게 여기게 한다. 아무리 맛있는 것을 먹어도 더 자극적인 것을 찾게 한다. 결국 먹는 행위조차 기쁨이 아니라 소비와 중독의 대상이 되면 인생은 피곤해진다.

수십 채의 건물을 가진 사람도 하루 세 끼를 먹고, 큰 기업을 가졌어도 수면은 8시간이면 충분하다. 하나님이 정하신 '누림의 한계'가 있다. 아무리 많은 것을 가져도 한 사람이 향유할 수 있는 삶의 범위는 제한되어 있다. 그래서 지금 내게 허락된 만큼을 충분히 누릴 줄 아는 지혜가 더 필요하다.

물질은 내게 편리를 줄 수는 있지만, 절대 행복을 주지는 않는다. 하나님은 우리가 오직 그분의 임재와 말씀으로만 만족하도록 창조하셨다. 행복은 채워지지 않는 식욕을 채우는 데서 오는 것이 아니라, 하나님이 주신 것을 감사함으로 누리는 태도에서 온다.

많은 것을 가져야 행복한 것이 아니라, 주신 것을 감사하며 누릴 줄 아는 사람이 부요한 사람이다. 지금 함께하는 대화, 지금 입은 옷, 오늘 마시는 따뜻한 커피 한 잔 속에도 하나님은 기쁨을 담아 두셨다. 오늘의 시간 속에 담아 두신 행복을 발견하고 누릴 줄 아는 것이 지혜다.

묵상을 위한 질문
내 욕심 때문에 현재 주신 행복을 놓치고 있지는 않은가?
오늘 내게 주신 음식과 사람들과의 시간을 감사함으로 보내고 있는가?

오늘의 기도
욕심으로 인해 행복을 놓치지 않게 하시고 지금 제게 주신 것에 만족하며, 감사함으로 누릴 줄 아는 마음을 갖게 하소서.

좋은 동료가 성공을 만든다

오늘의 말씀 잠언 24장 6절
너는 전략으로 싸우라 승리는 지략이 많음에 있느니라

성공은 혼자의 힘으로 이루어지는 일이 아니다. 어떤 사람이 좋은 성과를 냈을 때 자세히 살펴보면, 반드시 곁에서 지지하고 도운 사람들이 있다. 좋은 친구, 좋은 멘토, 좋은 조언자는 인생을 의미 있는 길로 이끄는 귀한 동반자다.

일하는 현장은 때로 전쟁과 같고 전투와 같다. 매일 수많은 선택과 결정 앞에 선다. 그때 필요한 것은 정확한 판단과 실행력이다. 그러나 이 모든 것을 혼자 감당하려 하면 쉽게 지치고 판단이 흐려진다.

그래서 잠언은 지략으로 싸우라고 말한다. 지략이 많은 자에게 승리가 있다고 했다. 곁에 좋은 멘토들이 있고 그들의 조언을 듣는 사람은 흔들리지 않고 앞으로 나아간다.

좋은 친구는 때로는 거울이고, 때로는 안내자다. 내가 보지 못한 것을 보게 하고, 잘못된 길로 가려 할 때 돌아오게 도와준다. 위기를 미리 감지하게 하고, 불필요한 싸움을 피하게 한다. 이처럼 좋은 친구는 말없이 나를 지켜 주는 울타리 같은 존재다.

반면 자존심 때문에 혼자 고민하고, 혼자 판단하며 조언을 무시하는 사람은 결국 큰 어려움에 빠진다. 처음에는 혼자 해결하는 것이 빠르고 능력 있어 보일 수 있지만, 시간이 지나면 한계를 경험한다.

한 조직이나 사업체를 운영하는 사람일수록 다른 사람의 조언을 듣는 태도가 필요하다. 함께 고민하고 결정하며 나아가는 사람이야말로 지혜로운 사람이다. 문제는 그런 사람을 곁에 두고도 활용하지 못하는 경우가 많다는 것이다. 충분히 묻지 않고, 상의하지 않고, 혼자 판단하다가 일을 그르칠 수 있다. 하나님의 사람은 늘 겸손하게 배우는 태도를 가져야 한다. 좋은 친구와 동역자의 말 속에서 하나님의 음성을 들으려는 자세가 필요하다.

성장하고 성숙하려면 좋은 사람들과 함께 걸어야 한다. 혼자 걸으면 빨리 갈 수 있을지 몰라도, 함께 걸으면 멀리 갈 수 있다. 좋은 멘토들의 지혜는 나의 부족함을 채워 주고, 내 시야의 한계를 넓혀 준다.

외롭고 무거운 책임을 감당해야 할 때가 있지만, 그 가운데서도 좋은 멘토, 친구들과 함께 지혜를 나누고 길을 찾는다면 그 삶은 더욱 단단해지고 깊어진다. 우리가 스스로 구하고 만들고 키워야 할 인생 자산 중 하나는 바로 좋은 친구와 지혜로운 멘토다. 그들과의 동행은 가장 든든한 기반이기 때문이다.

묵상을 위한 질문
나는 지금 누구와 함께 인생의 길을 걷고 있는가?
나를 지혜로운 길로 이끌어 주는 사람들의 조언을 경청하고 있는가?

오늘의 기도
지혜로운 사람들을 제 곁에 붙여 주시니 감사합니다. 그들의 조언을 듣는 겸손한 마음을 주시고, 함께 지혜를 나누며 살게 하소서.

행복이 무엇인지 모르는 사람들

오늘의 말씀 전도서 6장 12절
헛된 생명의 모든 날을 그림자 같이 보내는 일평생에
사람에게 무엇이 낙인지를 누가 알며
그 후에 해 아래에서 무슨 일이 있을 것을 누가 능히 그에게 고하리요

전도자가 인생을 관찰하며 안타까운 마음으로 고백한다. 사람들이 살아가며 가장 원하는 것이 '행복'인데, 정작 행복이 무엇인지도 모른 채 살아가는 사람이 많다는 것이다.

인생은 해 아래 그림자처럼 스쳐 지나간다. 사람들은 더 잘살아 보겠다고 애쓰지만, 방향을 잃은 채 달리다 지치기도 한다. 지금도 우리 주변을 둘러보면, 눈앞에 있을 것만 같은 행복을 찾아다니며 여전히 불안하고 갈증 속에 살아가는 사람이 많다. 그래서 우리는 하나님이 우리에게 이미 주신 행복이 무엇인지 알아야 한다.

전도자는 우리에게 말한다. 행복은 멀리 있는 것이 아니라 지금 내게 주신 것을 감사히 누리는 것에 있다고. 지금 나의 가족, 친구, 일상, 은혜를 소중히 여기고 누리는 것이 참된 행복이다.

행복은 하나님을 잘 섬기고, 예수 그리스도를 믿어 영생을 소유하며, 인격적으로 아름다운 삶을 살아가는 데 있다. 행복은 소유가 아니라 존재이며, 겉모양이 아니라 내면의 상태다. 하나님과의 관계 안에서 정체성과 사명을 깨닫고 살아가는 사람은 가진 것이 적더라도 행복할 수 있다. 남들이 알아주지 않아도 충만한 삶을 살 수 있다.

사람의 진짜 행복은 하나님 안에서 발견된다. 인간은 하나님께로부터 왔기에 하나님 안에서만 안식을 얻고, 하나님 안에서만 참된 기쁨을 누릴 수 있기 때문이다. 이 진리를 놓치면 많은 것을 가져도 여전히 불안하고 허전할 수밖에 없다. 우리는 하나님이 주신 지혜를 따라 참된 행복이 어디에서 오는지, 어떻게 살아야 후회 없는 인생이 되는지를 배워야 한다. 세상이 말하는 성공과는 다른, 하나님이 주시는 평안과 기쁨을 누릴 줄 알아야 한다.

감사하는 눈과 누릴 줄 아는 마음이 있는 사람은 지금 이 순간도 행복하다. 큰 건물을 소유하지 않아도, 수억 원이 든 통장이 없어도, 높은 자리에 있지 않아도 충분히 행복할 수 있다. 하나님은 이미 우리에게 행복의 씨앗을 선물로 주셨다. 중요한 것은 그것을 찾아내는 눈이며, 누릴 줄 아는 지혜다. 오늘도 주신 것에 감사하며, 오늘의 행복을 놓치지 않는 하루가 되길 바란다.

묵상을 위한 질문
나는 무엇을 행복이라고 생각하고 달려가는가?
하나님과의 관계 안에서 참된 행복을 누리고 있는가?

오늘의 기도
영원히 변치 않는 주님의 사랑 안에서 존재의 의미와 기쁨을 발견하고, 흔들리는 세상 속에서도 만족을 누리게 하소서.

좋은 이름은 시간이 지날수록 빛을 발한다

오늘의 말씀 전도서 7장 1절
좋은 이름이 좋은 기름보다 낫고 죽는 날이 출생하는 날보다 나으며

전도서 7장은 인생에서 무엇이 더 나은 선택인지에 대한 진정한 지혜를 가르쳐 준다. 우리는 살아가면서 끊임없이 선택의 갈림길에 선다. 어떤 것이 더 유익한가, 무엇이 더 나은가를 고민하며 결정을 내린다. 어떤 선택은 우리를 유익하게 만들지만, 또 어떤 선택은 인생에 깊은 흔적과 후회를 남기기도 한다. 그래서 우리에게는 분별의 지혜가 필요하다.

전도자는 "좋은 이름이 좋은 기름보다 낫다"고 말한다. '좋은 기름'은 고대 사회에서 부와 풍요, 성공을 상징했다. 그러나 그보다 더 값진 것이 바로 '좋은 이름', 곧 정직하고 성실한 인격, 신뢰받는 삶이다.

인생에서 돈과 인품이 충돌할 때가 있다. 그때 우리는 무엇을 선택할 것인가? 돈은 당장 이익을 줄 수 있지만, 인품은 한평생의 신뢰와 존경을 가져다준다. 돈은 사라질 수 있지만, 인격은 삶의 흔적으로 남는다.

한 장로님이 어느 기업의 계열사 사장으로 근무하셨다. 어느 날 회사의 공장 부지를 매입하는 일을 전적으로 위임받으셨고, 그 과정에서 땅 주인으로부터 부정한 제안을 받으셨다. 땅값을 높여 계약하고 차액을 나누자는 유혹이었다. 그러나 장로님은 기도하며 결단하셨다.

"내가 하나님 앞에서 평생 쌓아 온 정직을 이 돈과 바꿀 수 없다."

이후 장로님은 계약을 공명정대하게 진행했고, 그 일로 금전적 이득

은 얻지 못했지만, 그의 정직함은 하나님 앞에 귀하게 쓰였다. 은퇴 후에도 인품과 능력을 인정받아 다른 회사로부터 제안받아 일을 계속 이어가고 계신다.

때로는 정직이 손해처럼 보일 수 있다. 그러나 하나님은 그 정직을 기억하시고 높이 들어 사용하신다. 좋은 이름은 시간이 지날수록 빛을 발한다. 정직한 평판은 평생 쌓아야 하는 것이다.

이익의 유혹은 우리를 흔든다. 그러나 하나님의 자녀는 순간의 유익보다 영원한 가치를 택한다. 우리는 언제나 하나님의 이름을 붙잡는다. 하나님의 백성이라는 정체성을 가지고 살아간다는 것은 매일 언제나 옳고 바른 선택을 하겠다는 삶의 고백이다.

'좋은 이름'은 하나님의 자녀답게 살아낸 삶의 흔적이다. 이 이름은 하나님이 기억하시고, 사람들의 마음에 신뢰와 존경으로 새겨진다. 잠시의 이익보다 가치와 본질을 선택하라. 하나님은 그런 사람을 기억하시고, 더 좋은 길로 인도하신다. 이것이 전도자가 말하는 참된 지혜요, 하나님 백성의 길이다.

묵상을 위한 질문
돈과 성품이 충돌할 때 무엇을 선택하는가?
내 삶에 남을 '좋은 이름'을 위해 지금 어떤 선택을 하고 있는가?

오늘의 기도
제 삶에 정직과 신뢰라는 이름이 남도록 인도해 주시고, 순간의 이익보다 하나님의 뜻을 선택하며 살게 하소서.

마지막을 기억하며 오늘을 살라

오늘의 말씀 전도서 7장 4절
지혜자의 마음은 초상집에 있으되
우매한 자의 마음은 혼인집에 있느니라

전도서 7장은 인생에서 무엇이 더 나은 선택인지에 대한 문제를 다룬다. 인생이 행복하려면 올바른 가치관을 가지고 살아야 한다. 전도서는 죽는 날이 출생한 날보다 낫고(1절), 초상집이 잔칫집보다 낫고(2절), 지혜자의 마음은 초상집에 있다고 말한다. 이 말씀은 우리가 평소 바라는 삶과는 반대되기 때문에 다소 의아하게 들릴 수 있다.

출생보다 죽음의 날이 더 낫다는 말씀은, 삶의 인격과 열매에 집중하라는 뜻이다. 출생은 가능성을 의미하지만, 죽음은 그 사람의 삶에 대한 최종 평가이기 때문이다. 사람이 죽는 순간 삶의 기록은 고정되고 더 이상 바뀌지 않기에, 마지막에 남는 흔적에 집중하는 것이 지혜자의 태도라고 말한다.

잔칫집에서는 인생의 즐거움에 빠져 자신을 돌아보지 못하지만, 초상집에서는 인생의 유한함과 죽음을 깊이 생각하게 된다. 그 자리에서 인간의 연약함과 하나님의 영원하심을 깨닫게 되고, 참된 지혜가 시작된다. 그래서 지혜자는 초상집에 마음을 둔다. 지혜자의 마음이 초상집에 있다는 말은, 지혜로운 사람은 늘 삶의 끝에서 하나님 앞에 서는 날을 기억하며 준비하며 살아간다는 뜻이다.

반면 어리석은 사람은 순간의 즐거움에만 몰두하고 영원을 잊은 채 살아간다. 사람은 육신을 입고 살지만 동시에 영적인 존재다. 먹고 즐기는 것도 필요하지만, 중심은 언제나 하나님 나라를 향해야 한다. 세상의 유익과 즐거움에 마음을 빼앗기지 말고, 하나님 앞에 서는 날을 기억하며 오늘을 살아야 한다. 그것이 인생을 가치 있게 하고 참된 행복을 누리는 길이다.

일에도 마지막이 있다. 모든 일은 언젠가는 마무리해야 하는 날이 온다. 모든 일의 끝에는 평가와 열매가 남는다. 지혜로운 사람은 그 마지막을 미리 생각하며 오늘을 살아간다.

직장에서는 퇴직 후의 평판을, 가정에서는 가족에게 남길 모습을 생각하며 하나님 앞에서 어떤 자세로 일하고 살아갔는지를 돌아봐야 한다. 마지막이 아름다운 모습으로 남으려면 오늘이 성실하고 정결해야 한다. 그러므로 삶의 모든 영역에서 언젠가 끝이 온다는 사실을 기억하며, 마지막 순간에 하나님과 사람 앞에서 부끄럽지 않도록 오늘을 살자.

묵상을 위한 질문
나는 지금 무엇에 마음을 두고 살아가고 있는가?
내 삶의 마지막 순간에 하나님 앞에 어떤 모습으로 서고 싶은가?

오늘의 기도
제 마음이 순간의 즐거움이 아니라 영원한 생명을 향하도록 붙들어 주소서. 하나님 앞에 서는 날을 기억하며 오늘을 정직과 믿음으로 살아가게 하소서.

지혜자의 책망을 듣는 것

오늘의 말씀 전도서 7장 5절
지혜로운 사람의 책망을 듣는 것이
우매한 자들의 노래를 듣는 것보다 나으니라

사람은 누구나 교훈보다는 칭찬을, 책망보다는 인정받는 말을 듣고 싶어 한다. 그러나 하나님이 우리를 성장시키시는 방법 중 하나는 교훈과 책망이다. 하나님은 사람과 환경, 사건을 통해 말씀하시고 우리를 가르치신다.

어떤 교훈은 부드럽게 다가오지만 어떤 책망은 마음을 찌르며 아프게 한다. 그러나 그 모든 말씀은 하나님의 손길이다. 특히 일터에서 의사결정을 내리는 자리에 있을 때 하나님의 교훈과 책망에 더욱 귀 기울여야 한다. 우리는 스스로 잘하고 있다고 착각하기 쉽고, 영향력이 커질수록 책망을 듣기 어려운 위치에 있기도 하다. 그러나 하나님의 사람은 위치와 상관없이 말씀 앞에 겸손해야 한다. 지적을 받아들이는 태도, 권면을 기쁘게 듣는 마음이 지혜의 시작이다.

책망은 나를 무너뜨리는 것이 아니라 더 단단하게 세우기 위한 것이다. 하나님의 사람은 실패를 패배로 보지 않고 배움의 기회로 삼는다. 실수 속에서 의미를 발견하고 교훈을 얻는 것이 지혜다.

문제는 실수가 아니라, 그것을 인정하지 않는 태도다. 훈계와 책망을 거절하는 것은 결국 자기 영혼을 경시하는 것이라고 성경은 분명히 말하고 있다. 하나님은 가까운 사람의 조언, 환경의 변화, 실패와 손해의 경험 등 다양한 통로로 우리를 가르치신다.

중요한 것은 그것을 듣는 귀와 마음의 태도다. 말씀을 통해 깨닫는 사람은 복이 있지만, 반복되는 책망 앞에서도 눈을 돌리고 귀를 막는다면 결국 더 큰 고통을 겪는다. 책망과 교훈은 처음엔 쓰고 불편하다. 그러나 겸손한 사람만이 책망을 들을 수 있다. 배우려는 마음을 가진 사람에게 하나님은 가르쳐 주시고 길을 열어 주신다.

능력보다 중요한 것은 배우는 태도다. 겸손히 귀를 기울이고 마음을 낮추면 책망이 곧 생명이 되고 교훈이 곧 자산이 된다. 경청은 단순히 귀로 듣는 것이 아니라 마음으로 받아들이는 태도다.

하나님의 사람은 자신보다 어린 사람에게서도 배우고, 경험이 적은 이의 말에서도 깨달음을 얻는다. 배움은 나이가 아니라 마음 자세의 문제다. 듣고 배우려는 사람은 어디서든 하나님께 지혜를 얻고, 그 지혜는 삶의 열매로 드러난다. 그러므로 지혜자의 책망과 교훈을 귀하게 여겨, 그것을 통해 하나님의 사람으로 단단히 세워져야 한다.

묵상을 위한 질문

나는 최근에 들은 책망이나 교훈을 어떻게 받아들였는가?
지금 나의 일터와 관계 속에서 하나님은 어떤 교훈을 주시는가?

오늘의 기도

제게 주시는 교훈과 책망을 겸손히 받아들이게 하시고, 그것을 통해 지혜를 배우며 단단히 서게 하소서.

지혜를 지켜내는 법

오늘의 말씀 전도서 7장 7절
탐욕이 지혜자를 우매하게 하고 뇌물이 사람의 명철을 망하게 하느니라

지혜는 성공을 가능하게 하고 인생을 복되게 만든다. 하나님의 말씀대로 살아가는 사람들에게는 지혜가 주어지고, 그 지혜는 삶의 방향을 결정짓는다. 그런데 이 귀한 지혜를 무너뜨리는 순간이 있다. 바로 탐욕과 뇌물이다. 이 두 가지는 지혜를 갉아 먹고 판단을 흐리게 만든다.

탐욕은 더 갖고자 하는 마음이다. 지금 충분히 만족할 수 있음에도 더 많이, 더 빠르게, 더 화려하게 가지려는 마음이 생기면 지혜는 흐려지고 우매함이 자리 잡는다. 만족은 현재 주어진 것을 누릴 줄 아는 데서 오지만, 탐욕은 지금 있는 것조차 불평하게 만든다.

기업의 리더나 조직의 책임자가 탐욕에 빠지면 반드시 문제가 생긴다. 사익을 좇다 보면 전체를 해치게 되고, 경영 실패와 부패는 여기서 시작된다. 탐욕은 마음을 교만하게 하고 결국 공동체를 무너뜨린다. 그래서 리더에게 필요한 것은 더 가지려는 욕심이 아니라 바른 판단과 지혜로운 나눔이다.

또 하나 경계할 것은 뇌물이다. 뇌물을 받는 순간 공정한 판단은 사라지고 옳고 그름이 흐려진다. 결국 지도자는 공의를 잃고 공동체는 신뢰를 잃는다. 이것이 모든 시스템이 무너지는 출발점이다. 뇌물을 거부하려면 먼저 마음의 탐욕부터 다스려야 한다. 마음에 탐욕이 있으면 결국

타협하게 된다. 작은 탐욕이 쌓여 자신도 속이고 공동체도 속인다. 그래서 돈을 다루는 일은 하나님 앞에서 늘 마음을 지켜야 한다.

지혜는 단지 아는 것이 아니라, 바르게 판단하고 책임 있게 행동하는 것이다. 지혜자는 물질의 유혹 앞에서도 흔들리지 않고 자신을 지킨다. 유혹이 강할수록 더 깊이 하나님께 엎드리고, 상황이 복잡할수록 더 정직한 기준으로 판단해야 한다. 신앙의 중심을 붙드는 것이 지혜를 지키는 길이다. 하나님은 우리의 중심을 보신다. 탐욕을 경계하고 뇌물을 멀리하는 사람을 하나님이 책임지신다. 사람 눈에는 미련해 보일지라도, 하나님의 지혜를 따라 정직하게 살아가는 사람은 결국 높임을 받는다. 세상은 빠른 결과를 원하지만, 하나님의 방식은 더디더라도 흔들림 없는 복으로 인도하신다.

지혜를 지키는 것은 쉽지 않다. 지혜를 무너뜨리려는 유혹이 늘 곁에 있기 때문이다. 그래서 우리는 늘 자신을 돌아보며, 생각과 행동이 하나님의 말씀에 비추어 올바른지 점검해야 한다. 경영의 중심에도 신앙이 있어야 하고, 판단의 기준이 하나님의 말씀이어야 한다.

묵상을 위한 질문
나는 지금 탐욕을 경계하고 있는가?
나의 판단 기준은 사람인가, 하나님의 말씀인가?

오늘의 기도
탐욕으로 지혜를 잃지 않게 하시고, 정직한 판단으로 살아가게 하소서. 제 삶의 중심이 늘 하나님이게 하소서.

마무리가 아름다운 인생

오늘의 말씀 전도서 7장 8절
일의 끝이 시작보다 낫고 참는 마음이 교만한 마음보다 나으니

사람의 인생은 마지막 모습이 중요하다. 누구나 시작은 열정으로 가득하지만, 진짜 평가는 인생의 끝에서 이루어진다. 어떤 사람은 시작이 좋았지만 마지막에 타락과 실패로 수고가 무의미해지고, 반대로 처음에는 미미했어도 끝이 빛나 복된 인생으로 기억되는 이들도 있다.

성경에 나오는 사울 왕은 겸손한 모습으로 이스라엘의 초대 왕이 되었지만, 하나님의 말씀에 불순종하고 자신의 명예와 체면을 더 중요하게 여겼다. 질투와 교만에 사로잡혀 다윗을 죽이려 했고, 그 인생의 끝은 전쟁터에서 외롭게 자살하는 비극으로 마무리되었다.

다윗은 젊은 시절부터 하나님 마음에 합한 자로 부름을 받았다. 골리앗을 물리치고 민족의 영웅이 되었으며, 수많은 시편을 지으며 하나님을 찬양하고 이스라엘 왕국의 황금기를 열었다. 그러나 노년에는 자녀 문제와 압살롬의 반역으로 아픔을 겪으며 아쉬움을 남겼다.

바울은 끝까지 충성된 종이었다. 복음을 전하다 수없이 매를 맞고 옥에 갇히며 죽음의 위협을 받았지만, "달려갈 길을 마치고 믿음을 지켰다"고 고백했다. 감옥에서도 성도들을 격려하며 서신을 남겼고, 자신의 마지막을 하나님의 은혜로 마무리했다. 그의 인생은 진정 아름다운 마무리의 본보기였다.

사업, 직장, 가정의 역할 모두 결국은 마무리가 중요하다. 시작은 누구나 열정으로 임하지만 끝은 외롭고 책임이 따른다. 시작보다 끝이 아름다워야 인생 전체가 복되다. 우리가 맡은 자리와 사명에는 반드시 끝이 있다. 그 끝이 오기 전, 날마다 자신을 돌아보며 사람들에게 어떤 인상을 남길지, 하나님 앞에서 어떤 평가를 받을지 깊이 생각해야 한다.

전도자는 "참는 마음이 교만한 마음보다 나으니"라고 했다. 마무리가 아름답기 위해서는 인내가 필요하다. 넓은 시야로 상황을 바라보는 지혜와 끝까지 감당하는 책임감이 요구된다. 이는 하루아침에 만들어지지 않는다. 매일의 태도 속에서 인내와 겸손이 쌓일 때, 그것이 인생의 마지막을 빛나게 한다.

예수님을 닮은 성품을 이루는 것이 진짜 인생의 성공이다. 많은 물질이나 눈에 보이는 성과보다, 내 인격과 신앙이 어떤 모습으로 남는지가 인생의 가치를 결정한다. 예수님처럼 섬기고 사랑하며 끝까지 주님의 뜻을 지켜야 한다. 우리 모두는 언젠가 맡은 일을 내려놓고 떠나야 한다. 그때의 모습이 아름답도록 오늘 하루도 인내와 겸손으로 살아야 한다.

묵상을 위한 질문
지금 어떤 마음으로 인생의 마무리를 준비하고 있는가?
마지막을 생각하며 오늘 나의 삶에서 '참는 마음'을 어떻게 실천하고 있는가?

오늘의 기도
오늘도 저에게 맡기신 일들을 끝까지 잘 감당하게 하시고, 겸손과 인내로 아름답게 마무리하는 삶이 되게 하소서.

하나님의 행하심을 깊이 생각하라

오늘의 말씀 전도서 7장 13절
하나님께서 행하시는 일을 보라
하나님께서 굽게 하신 것을 누가 능히 곧게 하겠느냐

하나님이 다스리시는 세상에는 사람이 어찌할 수 없는 일들이 있다. 때로는 우리의 계획이 무너지고 예상치 못한 길로 밀려간다. 그때 우리는 묻는다. '왜 나에게 이런 일이 생겼을까?' '왜 나에게 이런 고난이 찾아왔을까?' 그러나 성경은 말한다. 하나님이 굽게 하신 것을 누가 곧게 하겠느냐고.

인생에는 뜻하지 않은 장애물과 굴곡이 찾아올 때가 있다. 그것은 내 실수 때문이 아닐 수도 있고, 누군가의 악의 때문이 아닐 수도 있다. 우리는 모든 것을 다 이해할 수도, 다 설명할 수도 없다. 그러나 하나님은 우리가 이해하지 못하는 방식으로도 역사를 주관하신다. 그래서 우리는 하나님의 행하심을 깊이 바라보아야 한다.

하나님은 우리 인생을 무질서하게 다루시는 분이 아니다. 굽은 길처럼 보여도 하나님의 관점에서는 그것이 가장 바른 길이고 좋은 길일 수 있다. 이해되지 않는다고 해서 하나님의 뜻이 틀린 것은 아니다.

삶의 굽은 길은 우리를 더 깊이 하나님의 뜻으로 이끄는 초대일 수 있다. 그 길 위에서 우리는 겸손을 배우고, 기다림을 익히며, 기도로 나아간다. 하나님은 그 과정을 통해 우리를 세심히 다듬고 세우신다. 성공보다 중요한 것은 그 과정에서 내가 어떤 사람으로 성숙하는가다.

하나님은 목적보다 사람을 더 중요하게 여기신다.

"당신들은 나를 해하려 하였으나 하나님은 그것을 선으로 바꾸사 많은 백성의 생명을 구원하게 하시려 하셨나니"(창 50:20).

요셉은 형들에게 팔려 종이 되고 감옥에까지 가는 굴곡을 겪었지만, 그것은 하나님의 뜻을 이루는 축복의 통로였다. 상처를 받았지만 결국 형제와 가족을 돌보는 자리까지 나아갔다.

일하는 현장에서도 모든 일이 계획대로 흘러가지 않을 때가 많다. 일이 잘 풀리다가도 예상치 못한 위기가 찾아오면 당황하기 마련이다. 그러나 그 순간에도 하나님의 행하심을 바라보아야 한다. 인간의 지혜로는 이해할 수 없지만, 그 안에 하나님의 깊은 뜻과 인도하심이 있음을 신뢰해야 한다. 일의 굴곡은 신앙을 더 단단하게 하고, 우리를 하나님께 더 깊이 묶어 준다.

지금의 굽은 길이 오히려 인생의 전환점이 될 수 있다. 그 길은 나를 하나님께 더 가까이 이끄는 계기가 된다. 굽은 길 속에서도 하나님의 손이 일하고 계심을 신뢰하자.

묵상을 위한 질문

지금 내 삶에 이해되지 않는 '굽은 길'은 무엇인가?
나는 그 굽은 길 앞에서 하나님의 행하심을 믿고 있는가?

오늘의 기도

뜻대로 되지 않는 상황 앞에서 낙심하지 않고 하나님의 뜻을 바라보게 하소서. 굽은 길에서도 하나님의 손길을 경험하며 감사로 순종하게 하소서.

형통한 날, 곤고한 날

오늘의 말씀 전도서 7장 14절

형통한 날에는 기뻐하고 곤고한 날에는 되돌아보아라
이 두 가지를 하나님이 병행하게 하사
사람이 그의 장래 일을 능히 헤아려 알지 못하게 하셨느니라

우리의 인생은 예측할 수 없다. 오늘은 형통하지만 내일은 곤고할 수 있고, 반대로 어제는 고통스러웠지만 오늘은 평안할 수도 있다. 하나님은 형통한 날과 곤고한 날을 병행하여 우리 인생 가운데 주신다.

사람들은 앞날을 알기 위해 재무설계, 건강검진, 미래 예측 보고서 등 여러 방법을 동원한다. 인생 계획은 중요하지만, 그것이 항상 이루어지는 것은 아니다. 성경은 우리의 장래 일은 능히 알 수 없는 영역이라고 말한다. 하나님이 그렇게 만드셨기 때문이다.

하나님은 형통과 곤고라는 두 날을 엇갈려 주시며, 우리가 미래를 통제할 수 없음을 깨닫게 하신다. 그리고 하나님만이 우리 삶을 주관하신다는 고백을 드리게 하신다. 그렇다면 우리가 해야 할 일은 오늘이라는 시간을 감사함으로 살아가는 것이다. 형통한 날에는 기뻐해야 한다. 형통한 날은 일이 잘 풀리고 기쁨과 만족이 있는 날, 하나님의 은혜를 누리는 시기를 의미한다.

오늘이 형통의 날이라면 이 하루가 하나님이 주신 복임을 알고 감사와 찬양으로 반응해야 한다. 기쁨을 나누고 축복의 순간들을 기록하며

은혜를 나누는 것도 중요하다. 형통의 날에는 교만하지 않고 겸손히 기뻐할 수 있어야 한다. 반면 곤고한 날에는 자신을 되돌아보아야 한다. 곤고한 날은 삶의 어려움과 고난의 시간을 뜻하며, 하나님의 뜻을 묵상하고 신앙을 점검하는 기회다. 하나님은 고난을 통해 우리를 다시 돌이키시고 신앙을 단단하게 하신다.

형통과 곤고는 모두 하나님이 우리를 가르치시는 방식이다. 형통을 통해 감사와 기쁨을 배우게 하시고, 곤고를 통해 인내와 성찰을 가르치신다. 이것이 하나님이 우리를 빚어가시는 방식이며, 그 안에 담긴 사랑은 변하지 않는다.

우리는 미래를 알 수 없다. 그래서 더더욱 오늘이라는 시간을 소중히 여겨야 한다. 오늘 주어진 기회와 만남, 말씀과 일터 속에서 하나님의 뜻에 반응하며 살아야 한다.

신앙은 미래를 통제하는 것이 아니라, 오늘을 성실하게 살아가는 데 있다. 하나님은 어제도 오늘도 동일하게 함께하신다. 그러므로 오늘을 감사하며 사는 것이 곧 믿음이고, 오늘을 돌아보는 삶이 곧 지혜다.

묵상을 위한 질문
형통한 날에 기뻐하고 곤고한 날에는 되돌아보고 있는가?
내 삶의 순간마다 하나님의 뜻을 찾으려는 노력이 있는가?

오늘의 기도
제 삶에 형통함을 주시는 하나님이 곤고함도 허락하시는 줄 믿습니다. 미래를 알 수 없지만 오늘을 감사하며 하나님의 뜻에 반응하게 하소서.

경외, 인생의 중심을 잡다

오늘의 말씀 전도서 7장 18절
너는 이것도 잡으며 저것에서도 네 손을 놓지 아니하는 것이 좋으니
하나님을 경외하는 자는 이 모든 일에서 벗어날 것임이니라

인생을 살아가다 보면 도무지 이해되지 않는 상황을 마주할 때가 있다. 의롭게 사는 사람이 고통을 당하고, 악한 자가 오히려 장수하고 형통하는 모습을 볼 때 우리는 혼란에 빠진다. 그럴 때마다 무엇이 옳은 길이고 어떤 기준으로 판단해야 하는지 고민하게 된다.

전도자는 지나치게 의인이 되지 말고, 지나치게 악인이 되지도 말라고 조언한다(전 7:16-17). 지나친 의인은 자기 의로 다른 사람을 판단하고 정죄하는 자이며, 하나님 앞에서 자신이 죄인임을 인정하지 못해 결국 교만해진다. 반대로 지나친 악인은 죄를 거리낌 없이 행하며 책임을 저버리는 자로, 스스로 파멸을 끌어안는다.

상황이 복잡하고 판단이 어려울 때 우리는 하나님을 경외하라는 지혜자의 조언에 귀 기울여야 한다. 하나님을 경외하는 사람은 혼란 속에서도 길을 찾는다. 경외함은 하나님을 두려워하고 존중하며, 하나님의 뜻을 삶의 기준으로 삼는 태도다.

하나님의 말씀이 인생의 모든 판단 기준이어야 한다. 무엇이 옳고 그른지, 어디로 가야 할지 혼란스러울 때 성경이 무엇을 가르치는지를 살펴보라. 경험이나 감정, 주변의 말이 아니라 하나님의 마음으로 다시 보면 의외로 단순해지는 문제가 많다.

다니엘은 바벨론의 고위 관료로 복잡한 정치적 상황에 있었지만, 사람보다 하나님을 경외하는 삶을 선택했다. 왕의 음식을 거부하며 신앙의 정체성을 지켰고, 사자 굴에 던져졌을 때도 흔들리지 않았다. 그의 중심에는 언제나 '하나님 앞에서 어떻게 살아야 하는가'가 있었다. 다니엘은 시대의 논리보다 하나님의 뜻에 집중함으로 승리했다.

에스더도 왕비로서 민족의 위기 앞에 선택해야 했다. 모르드개의 조언을 따라 금식하며 기도한 후 담대히 왕 앞에 나아갔고, 결국 민족을 구했다. 복잡한 정치 상황과 생명의 위협 속에서도 하나님을 경외하는 태도가 길을 열었다.

우리는 모두 실수하고 연약한 존재다. 그러나 하나님을 중심에 두면 방향은 바르게 정렬된다. 성경을 중심에 두고 기도하며 뜻을 구할 때, 복잡한 상황 속에서도 지혜로운 선택을 할 수 있다. 하나님을 경외하는 마음이 중심에 있으면 의로움과 악함 사이에서 흔들릴 필요가 없다.

말씀을 기준으로 삼고 하나님의 뜻에 반응할 때 그 태도 안에서 우리는 균형을 찾고, 위기를 통과하며, 올바른 방향으로 나아갈 수 있다.

묵상을 위한 질문
복잡한 결정 앞에 설 때, 나는 무엇을 기준으로 판단하는가?
내 삶이 혼란스러운 상황일 때에도 성경의 시각에서 바라보고 있는가?

오늘의 기도
세상의 가치가 혼란스러울 때에 말씀 안에서 분명한 판단과 지혜를 얻게 하시고, 하나님을 경외하는 삶을 지켜내게 하소서.

살피는 눈, 책임지는 마음

오늘의 말씀 잠언 27장 23절
네 양 떼의 형편을 부지런히 살피며 네 소 떼에게 마음을 두라

지혜로운 리더는 늘 현장을 살핀다. 경영을 맡은 사람, 가정을 책임지는 사람, 교회를 이끄는 사람 등 어떤 위치에 있든지 리더에게 가장 중요한 덕목은 '실사구시'다. 실사구시는 사실에 입각하여 진리를 구한다는 뜻으로, 현실을 정확히 파악하고 그 안에서 진리를 찾으며 해결책을 모색하는 태도다.

"네 양 떼의 형편을 부지런히 살피며 네 소 떼에게 마음을 두라"는 말씀은 단순히 농장을 관리하라는 말이 아니다. 내가 돌봐야 할 사람들, 현장의 상황, 조직의 건강을 정직하게 들여다보라는 의미다. 오늘 이 말씀은 가정과 공동체, 직장에도 동일하게 적용된다.

"형편을 부지런히 살피라"는 말씀은 현재의 상태를 세밀히 점검하라는 명령이고, "마음을 두라"는 말씀은 단순한 관심을 넘어 책임과 애정을 담아 돌보라는 요청이다. 마음을 두지 않으면 현장은 쉽게 메말라 버린다.

자신의 영역을 깊이 파악하는 것은 일하는 사람의 기본이다. 맡은 일을 소홀히 하면서 다른 데만 기웃거리는 사람은 결코 신뢰받지 못한다. 숫자와 보고서만으로 충분하다고 착각해서는 안 된다. 현장을 직접 찾아가야 한다.

땀 냄새 나는 현장에서만 들리는 소리, 말하지 못한 고충, 눈빛으로 전해지는 분위기가 있다. 느헤미야는 이 리더십을 몸소 보여 주었다. 예루살렘 성벽이 무너졌다는 소식을 듣고 그는 왕에게 재건을 요청했을 뿐 아니라, 실제로 성을 돌며 무너진 곳을 하나하나 확인했다. 보고만 받지 않고, 직접 확인하고 기도하며 판단한 뒤에야 일을 시작했다.

우리의 현장에서도 동료들의 표정과 대화 속에, 가정에서는 부모님이나 배우자 또는 자녀의 눈빛 속에, 교회에서는 성도들의 기도와 작은 요청 속에 현장의 목소리가 담겨 있다. 리더가 현장에 발을 두고 있을 때 공동체는 살아난다.

실사구시는 단순한 경영 기법이 아니다. 하나님 앞에서의 정직한 태도다. 맡은 일을 형식적으로만 감당하지 않고, 함께하는 사람들의 삶을 책임 있게 바라보는 마음이다. 하나님은 지금 우리가 맡은 일, 공동체, 교회, 가정을 어떻게 살피며 마음을 두고 있는지를 보신다.

묵상을 위한 질문
나는 지금 맡은 일과 사람들의 형편을 실제로 살피고 있는가?
내 판단과 계획은 현장의 목소리에서 출발하는가?

오늘의 기도
부지런히 돌아보는 마음을 제게 주소서. 맡은 사람들과 공동체의 형편을 살피고, 보고 들은 것에 그치지 않고 직접 확인하며 책임 있게 감당하게 하소서.

남의 말에 너무 마음 두지 말라

오늘의 말씀 전도서 7장 21-22절

또한 사람들이 하는 모든 말에 네 마음을 두지 말라
그리하면 네 종이 너를 저주하는 것을 듣지 아니하리라
너도 가끔 사람을 저주하였다는 것을 네 마음도 알고 있느니라

우리는 살아가면서 수많은 말을 듣는다. 칭찬과 인정을 받을 때는 힘이 나지만, 누군가의 뒷말이나 비난을 들으면 마음이 크게 흔들리기도 한다. 문제는 사람의 평판에 지나치게 민감해질 때다. 듣지 말아야 할 말에 휘둘리면 감정과 판단이 무너진다. 사람들의 평판을 의식하지 말아야 할 이유는 분명하다.

첫째, 사람의 말은 완전하지 않다. 감정과 상황에 따라 왜곡되고 과장될 수 있다. 선한 의도로 한 말도 누군가의 입을 거치며 상처로 바뀌기도 한다.

둘째, 사람의 평판은 늘 변한다. 오늘은 환호하다가 내일은 비난으로 돌아설 수 있다.

셋째, 사람의 말에 마음을 두다 보면 하나님의 뜻에는 둔감해진다. 다른 사람의 눈치를 보느라 옳은 결정을 내리지 못하고, 결국 중심을 잃는다.

반대로 하나님의 평가와 판단을 따라야 하는 이유는 하나님은 중심을 보시기 때문이다. 겉으로 드러난 성과보다 왜 그 일을 했는지, 어떤 동기로 결정했는지를 아신다. 사람은 겉을 보고 판단하지만, 하나님은 우리의 마음과 태도를 보신다.

사람이 알아주지 않아도 하나님은 우리의 수고를 기억하시고, 때가 되면 반드시 상을 주신다. 다윗은 사울에게 쫓기며 비난을 받았지만, 하나님은 그의 중심을 보시고 왕으로 세우셨다. 반대로 사울은 사람들의 평판에 따라 움직이다가 결국 하나님의 마음에서 멀어졌다.

일하는 현장에서도 마찬가지다. 고객의 불만이나 함께하는 사람들의 의견을 균형 있게 듣는 지혜는 필요하지만, 그 소리에 휘둘리면 본질을 놓친다. 때로는 비난을 감수하고서라도 바른 결정을 해야 하고, 악성 평판에도 불구하고 원칙을 지켜야 할 때가 있다. 그 순간 우리는 사람의 눈이 아니라 하나님의 눈을 의식해야 한다.

전도자는 말한다. 너도 다른 사람을 비난한 적 있지 않느냐고. 그렇다. 우리 모두는 누군가를 흉보고 오해한 적이 있다. 그러니 비판에 지나치게 반응할 필요도 없고, 그것이 전부라고 여기며 무겁게 짊어질 필요도 없다. 오늘도 사람의 말보다 하나님의 음성에 더 귀 기울이는 하루가 되어야 한다. 사람의 평가보다 하나님의 기준에 합한 삶을 사는 것이 진정한 성공이다.

묵상을 위한 질문
나는 지금 사람들의 평판에 얼마나 흔들리고 있는가?
사람의 평가보다 하나님의 평가를 중요하게 여기며 살아가고 있는가?

오늘의 기도
사람들의 말에 쉽게 흔들리는 제 연약함을 붙들어 주소서. 사람의 평판보다 하나님의 뜻을 구하며 오늘도 말씀 안에서 바르게 살아가게 하소서.

단순한 길, 정직한 길

오늘의 말씀 전도서 7장 29절
내가 깨달은 것은 오직 이것이라 곧 하나님은 사람을 정직하게 지으셨으나 사람이 많은 꾀들을 낸 것이니라

하나님은 사람을 정직하게 지으셨다. 다시 말해, 단순하고 선하게 살 수 있도록 창조하셨다는 뜻이다. 그런데 문제는 사람들이 그 단순하고 정직한 길을 두고, 스스로 꾀를 내어 다른 길을 만들기 시작했다는 데 있다.

성경이 말하는 꾀는 단순한 지혜나 전략이 아니다. 꾀란 인간의 이기심과 탐욕이 결합하여 만들어낸 왜곡된 지혜다. 하나님께 의존하지 않고 스스로 길을 만들려는 시도이며, 하나님의 원칙을 무시하고 내 생각과 계산대로 움직이려는 태도다. 그것은 조급함과 탐욕, 신뢰하지 못하는 마음에서 비롯된다.

하나님은 세상을 질서 있게 창조하셨다. 계절이 순환하고, 씨를 뿌리면 열매가 맺히며, 정직한 수고가 열매를 맺는 방식으로 세상을 운행하신다. 그런데 사람은 그 원리를 무시하고 더 빠른 길, 더 쉬운 길을 찾으려 한다. 이 과정에서 꾀를 부리게 되고, 꾀는 결국 스스로를 덫에 빠뜨린다.

아간은 여리고성을 무너뜨린 후 "온전히 바친 것에는 손대지 말라"는 명령을 어겼다. 금과 은, 외투를 보고 '이 정도는 괜찮겠지, 아무도 모를

거야'라며 욕심을 부렸고, 그 결과 이스라엘은 아이성 전투에서 패배했다. 그의 꾀로 인해 공동체까지 큰 피해를 입은 것이다.

사업이나 조직 운영도 다르지 않다. 정직한 경영과 투명한 재무는 안정적인 발전을 가져온다. 그러나 눈앞의 이익을 위해 편법을 쓰고 타인을 속이면 단기적인 성과는 얻을지 몰라도 결국 신뢰를 잃고 무너진다. 꾀로 유지되는 성공은 오래가지 않는다.

하나님의 방식은 늘 분명하다. 진리를 따르고, 정직하게 일하고, 성실하게 살아가는 것이다. 이 단순한 원칙에 충실할 때 안정과 지속이 따른다. 꾀를 부려 얻는 빠른 성공은 오히려 가장 위험한 성공이 된다.

우리 삶에서 꾀가 아닌 지혜로 움직이려면 날마다 하나님의 말씀을 가까이해야 한다. 말씀은 복잡한 마음을 단순하게 하고, 내 생각을 하나님의 뜻에 맞추어 준다. 하나님은 여전히 정직한 사람을 통해 일하시며, 단순한 순종을 통해 역사를 이루신다.

묵상을 위한 질문

삶의 문제 앞에서 꾀를 내고 있는가, 아니면 하나님의 원칙을 따라가고 있는가? 하나님이 주신 정직함과 단순함의 길을 나는 얼마나 신뢰하고 있는가?

오늘의 기도

조급함과 욕심으로 꾀를 내지 않게 하시고, 하나님을 신뢰하며 순종하게 하소서. 꾀가 아닌 지혜로 살아가는 믿음의 사람이 되게 하소서.

따뜻한 미소와 유순한 말

오늘의 말씀 전도서 8장 1절
누가 지혜자와 같으며 누가 사물의 이치를 아는 자이냐
사람의 지혜는 그의 얼굴에 광채가 나게 하나니
그의 얼굴의 사나운 것이 변하느니라

지혜자는 사나운 얼굴을 환하게 하고, 찡그린 얼굴에도 웃음을 머물게 한다. 세상에는 분노와 공격적인 태도로 상대를 상하게 하는 사람이 있다. 사람들은 이런 이를 피하려 하지만, 가까운 가족이나 동료라면 상처를 안고 살아갈 수밖에 없다.

그러나 어떤 사람은 만나기만 해도 기분이 좋아지고 다시 만나고 싶다. 그의 따뜻한 배려와 친절이 주변을 행복하게 만들기 때문이다.

성공에 관한 책들을 살펴보면, 성품이 성과와 깊이 연관되어 있음을 알 수 있다. 사랑, 친절, 배려, 덕스러움은 눈에 보이는 돈으로 환산되지는 않지만, 이런 성품이 없으면 아무리 열심히 해도 성과를 내기 어렵다. 능력을 개발하는 것만큼, 다른 사람을 섬기고 배려하는 성품을 키우는 일이 중요하다.

사람들의 얼굴에 미소를 짓게 하는 가장 좋은 방법은 내가 먼저 미소 짓는 것이다. 공격적으로 대하면 공격이 돌아오지만, 따뜻한 미소는 미소로 응답하게 한다. 잠언도 말한다. "유순한 대답은 분노를 쉬게 하여도 과격한 말은 노를 격동하느니라." 부드러운 말은 분노를 가라앉히지만, 거친 말은 갈등을 키운다. 룻과 보아스의 이야기도 이를 잘 보여 준다. 낯선 땅에 온 과부 룻에게 보아스는 "내 딸아"라고 부르며 곡식을 나누고 물을 마시게 했다. 심지어 일부러 곡식을 많이 흘려 수확량을 늘려 주었다. 그의 따뜻한 배려는 룻에게 큰 위로가 되었고, 결국 나오미의 가문을 회복시키는 길로 이어졌다.

지혜로운 사람은 관계를 부드럽게 하고, 만나는 이의 얼굴에 미소를 남긴다. 이런 부드러운 언어와 태도는 예수님의 성품을 닮은 마음에서 흘러나온다. 기술이나 방법이 아니라 내면의 친절과 배려, 섬김과 사랑이 자연스럽게 드러날 때, 거친 사람도 점점 부드러워진다.

테레사 수녀를 만난 한 노숙인은 그녀의 미소 속에서 존중을 느꼈다고 고백했다. 작은 미소 하나가 모든 것을 설명해 준 것이다. 우리 사회는 너무 빠르고 삭막하다. 그래서 지친 서로를 향해 따뜻한 격려 한마디, 작은 미소 하나를 나누는 것으로도 얼굴에 빛이 생기고 관계가 살아난다. 오늘 하루도 누군가에게 그런 미소와 따뜻함을 전할 수 있기를 바란다.

묵상을 위한 질문

나의 인상은 어떤가? 부드러운가, 아니면 분노로 굳어 있는가?
부드러운 사람이 되기 위해 오늘 먼저 미소를 지어 보라.

오늘의 기도

주님의 사랑과 너그러운 마음을 본받아 많은 사람에게 따뜻한 미소와 유순한 말로 대답하게 하소서.

분별하고 판단하는 힘

오늘의 말씀 전도서 8장 5절
지혜자의 마음은 때와 판단을 분변하나니

우리가 살아가는 삶의 여정에는 수많은 결정과 선택이 있다. 그 모든 결정에는 '때'와 '판단'이 함께 따른다. 아무리 좋은 생각이라도 때를 놓치면 무의미해지고, 아무리 열심히 움직여도 잘못된 판단이면 손해가 된다. 지혜자는 이 둘을 잘 분별하는 사람이다.

성경은 때를 아는 것이 지혜라고 말한다. 전도서는 "범사에 기한이 있고 천하만사가 다 때가 있다"고 말씀한다. 모든 일이 이루어질 '적절한 시간'이 있다. 판단은 그때 무엇을 할지를 결정하는 것이고, 이 둘이 만나야 올바른 열매를 맺는다.

일이나 사업을 시작하거나 채용과 계약을 결정할 때 그 시점이 적절한지, 판단이 정확한지에 따라 결과가 달라진다. 모든 조건이 좋아 보여도 하나님의 타이밍이 아니면 실패할 수 있다. 그래서 우리에게는 기도와 묵상이 필요하다.

바른 때를 분별하려면 삶의 속도를 늦출 필요가 있다. 바쁜 일정 속에서는 성급한 결정이 나오기 쉽다. 정리된 마음으로 기도와 말씀 묵상 속에서 하나님의 음성을 듣고, 하나님이 여시는 문과 닫으시는 문을 민감하게 살펴야 한다. 때로는 침묵 속에서도 방향을 깨닫게 하신다. 인내가 지혜의 기초다.

바른 판단은 객관적인 시선과 성경의 원칙 위에 세워져야 한다. 감정과 욕심을 분리하고, 신뢰할 만한 조언자들의 의견을 듣는 것도 중요하다. 특히 신앙 안에서 함께한 동역자들의 조언은 큰 도움이 된다. 이 결정이 하나님 앞에서 정직한가, 다른 사람에게 유익한가, 교만한 판단은 아닌가를 묵상해야 한다.

지혜로운 사람은 때와 판단을 놓치지 않는다. 많은 정보를 분석하면서도 하나님의 뜻을 구하고, 중요한 결정을 앞두고는 조급하지 않고 인내하며 기도한다. 타인의 의견을 경청하고 객관적인 판단을 내린다.

그러나 때로는 바른 판단을 해도 결과가 예상과 다를 수 있다. 이것이 인간의 한계다. 성경은 인생의 재난이 누구에게 임할지, 장래 일은 아무도 알지 못한다고 말한다. 그러므로 우리의 최종적인 의탁은 하나님께 두어야 한다. 하나님은 때를 주관하시며 판단의 지혜도 주시는 분이다.

미래를 알 수 없는 우리가 오늘 해야 할 일은 하나님의 지혜를 구하고, 말씀에 비추어 판단하는 것이다. 하나님의 뜻을 기다리는 것이 답답해 보여도 그 안에 최선의 길이 준비되어 있다.

묵상을 위한 질문
지금 내가 내리려는 결정은 바른 판단인가?
이 일이 하나님이 예비하신 바른 '때'인가?

오늘의 기도
모든 때를 주관하시는 주님, 제가 살아가는 시간 속에서 바른 판단을 하는 지혜를 주소서. 조급하지 않고 하나님의 때를 신뢰하며 오늘도 주님을 바라보게 하소서.

복은 흘러가야 한다

오늘의 말씀 창세기 45장 5절

당신들이 나를 이 곳에 팔았다고 해서 근심하지 마소서 한탄하지 마소서
하나님이 생명을 구원하시려고 나를 당신들보다 먼저 보내셨나이다

요셉은 형들에게 팔려 애굽으로 갔다. 어린 시절의 상처와 아버지의 품을 떠난 고통, 억울한 누명을 쓰고 감옥에 갇힌 세월은 그의 마음에 깊은 아픔으로 남았을 것이다. 요셉이 아들의 이름을 '므낫세'라 지은 것도 그 상처를 보여 준다. 므낫세는 '잊었다'라는 뜻으로, 요셉은 자신의 고통과 가족의 아픔을 하나님 안에서 잊고자 했다.

그러나 기근을 계기로 형들을 다시 만나게 되었을 때, 요셉은 감정을 억누르며 하나님의 뜻을 새겼다. 자신의 인생을 이곳까지 이끄신 분이 하나님이시며, 그 이유가 단순한 성공이 아니라 가족을 살리기 위한 섭리였음을 깨달은 것이다.

요셉은 형들의 죄를 묻지 않았다. 대신 이렇게 말했다. "근심하지 마소서. 한탄하지 마소서. 하나님이 생명을 구원하시려고 나를 먼저 보내셨습니다." 그는 원망과 복수 대신 하나님의 관점으로 인생을 해석했다. 고통도, 성공도 모두 하나님의 손안에 있음을 믿었기에 용서했고, 그들을 품었다.

사람들은 더러 형제나 부모와 거리감을 두고 살아 가기도 한다. '인생은 각자의 몫'이라고 생각하기 때문이다. 물론 무조건적인 책임은 관계

를 망칠 수 있다. 그러나 가족 중 균형이 무너진 상황에서는 돕고자 하는 마음, 복이 흘러가는 지혜로운 나눔이 꼭 필요하다.

그렇다고 무리한 보증이나 채무까지 책임지는 것은 바람직하지 않다. 형제를 돕되, 생계비나 교육비처럼 실제 필요를 지원하는 것이 사랑의 표현이 될 수 있다. 또 금전적 지원만이 아니라 격려와 지지의 말, 꾸준한 기도는 형제 사랑의 건강한 모습이다. 물질보다 오래 남는 위로는 함께하는 마음과 기도의 힘이다.

요셉은 자신이 잘된 것이 형들에게 복이 되도록 했다. 형들은 요셉에게 상처를 주었지만, 요셉은 형제들의 삶에도 복을 흘려보내는 사람이 되었다.

하나님이 우리에게도 복을 허락하실 때가 있다. 그 복은 멈춰 있는 복이 아니라 흘러가는 복이어야 한다. 내가 가진 부요함과 지혜, 기회와 자원을 누군가의 필요를 채우고 회복을 일으키는 통로로 사용할 때, 우리는 요셉처럼 하나님의 섭리를 따라 사는 사람이 된다. 상처를 안고도 용서하는 사람, 복을 품고 흘려보내는 사람, 그것이 하나님의 사람이다.

묵상을 위한 질문

내 인생의 복을 멈춰 두고 있는가, 흘려보내고 있는가?
내가 받은 은혜와 복이 누군가에게 회복과 위로가 되고 있는가?

오늘의 기도

복을 흘려보내는 통로로 저를 사용하소서. 형제를 지혜롭게 돕고 따뜻하게 위로하며 기도로 함께하는 사람이 되게 하소서.

주신 이도, 거두신 이도

오늘의 말씀 욥기 1장 21절

내가 모태에서 알몸으로 나왔사온즉 또한 알몸이 그리로 돌아가올지라
주신 이도 여호와시요 거두신 이도 여호와시오니
여호와의 이름이 찬송을 받으실지니이다

욥은 큰 부자였다. 재산도 많았고 자녀도 많았으며, 주변의 존경까지 받던 사람이었다. 그러나 그는 단순히 성공한 인물이 아니라 하나님을 경외하며 악에서 떠난 의인이었다. 이 시대 성도들이 이상적으로 바라볼 수 있는 인생의 모델을 꼽는다면 바로 욥일 것이다. 물질적으로도 복을 받았고, 영적으로도 하나님 앞에 인정받은 사람이었기 때문이다.

이 땅을 살아가는 동안 돈이 필요하다. 그래서 종종 돈으로 인해 신앙의 중심이 흔들리기도 한다. 성경은 분명히 말한다. 돈을 사랑하면 하나님을 사랑할 수 없고, 세상을 사랑하는 것은 하나님과 원수가 되는 것이라고. 그래서 우리는 스스로에게 물어야 한다. 나는 지금 하나님을 더 사랑하는가, 아니면 돈을 더 사랑하는가.

욥은 이 질문에 삶으로 답한 사람이었다. 그는 풍족한 복을 누렸지만, 하루아침에 모든 것을 잃었다. 가축도, 종들도, 자녀들도, 심지어 건강까지. 그러나 그는 하나님을 원망하지 않았다. 처음부터 가진 것이 아니었으니, 빈 몸으로 왔다가 빈 몸으로 가는 것이 당연하다고 고백했다. 하나님이 주셨으니 하나님이 가져가신 것도 당연하다며 오히려 하나

님을 찬송했다. 그의 아내는 차라리 신앙을 버리라고 했다. 그러나 욥은 흔들리지 않았다. 그의 신앙은 거래가 아니라 관계였다. 물질의 유무에 따라 달라지는 사랑이 아니었기에 그는 입술로 범죄하지 않고 하나님을 찬양했다.

믿음이 없는 사람에게 돈은 교만과 탐욕으로 흐르지만, 믿음이 있는 사람에게 돈은 하나님께 영광을 돌리는 도구가 된다. 믿음이 자라지 않은 상태에서 돈만 많아지면 시험에 빠지기 쉽다. 하나님은 재물을 맡길 만한 믿음을 찾으시며, 믿음과 재물이 함께 자라는 축복을 기뻐하신다. 욥은 그 믿음을 가졌기에 많은 복을 받고도 여전히 하나님을 더 사랑하는 자로 살 수 있었다.

하나님보다 돈을 더 의지하고 있지는 않은지 돌아보자. 바른 십일조 생활은 그 점검의 시작일 수 있다. 믿음이 깊어질수록 돈의 많고 적음에 흔들리지 않는다. 욥과 같은 믿음을 가진 사람은 어떤 상황에서도 하나님을 향한 사랑과 신뢰가 그 중심에 있다. 돈보다 하나님을 더 사랑하는 삶이야말로 복된 삶이며, 그 안에서 참된 평안을 누릴 수 있다.

묵상을 위한 질문
돈과 하나님 사이에서 무엇을 더 의지하고 사랑하고 있는가?
재정이 풍성할수록 믿음도 함께 자라고 있는가?

오늘의 기도
욥과 같은 믿음을 제게도 허락하셔서 어떤 상황에서도 하나님만 사랑하고 신뢰하게 하소서. 돈이 많든 적든 하나님을 경외하며 살아가는 복된 인생이 되게 하소서.

무엇을 위해, 누구를 위해 선택할까

오늘의 말씀 창세기 13장 9절
네 앞에 온 땅이 있지 아니하냐 나를 떠나가라
네가 좌하면 나는 우하고 네가 우하면 나는 좌하리라

인생에는 여러 번 선택의 순간이 찾아온다. 그때 더 중요한 질문은 '무엇을 선택할 것인가'보다 '누구를 위해 선택할 것인가'다. 창세기 13장은 그 질문 앞에 선 아브라함과 롯의 이야기를 들려준다.

아브라함과 롯은 많은 재산과 가축을 얻었지만, 그 풍요가 축복만은 아니었다. 양과 소가 많아지자 목자들 사이에 다툼이 생겼고, 땅은 점점 좁아졌다. 그때 아브라함은 먼저 양보한다. "네가 좌하면 내가 우하고, 네가 우하면 내가 좌하겠다." 이것은 단순한 재산 분배가 아니라, 가족의 평화를 지키려는 믿음의 결단이었다.

롯은 그 기회를 놓치지 않고 기름진 땅을 택했다. 아브라함은 반대편을 떠맡았다. 목축을 하는 입장에서 보면, 좋은 땅을 택한 롯은 더 큰 번창의 가능성을 가진 것이고, 척박한 땅을 떠맡은 아브라함은 사업의 미래가 어두워질 수밖에 없었다. 그러나 아브라함은 사업의 성공보다 가족의 사랑을 선택했고, 자신보다 롯이 잘되는 길을 허락했다.

형제와 가족은 우리가 선택한 관계가 아니라 하나님이 주신 선물이다. 하지만 우리는 돈 때문에 갈라지고 싸우는 가족의 이야기를 수도 없이 듣는다. 유산 문제, 재산 분배, 상속 다툼, 혹은 사소한 오해로 평생 치유하기 힘든 균열이 생기기도 한다. 돈은 다시 벌 수 있지만, 무너진 관계는 쉽게 회복되지 않는다. 가족을 위해 양보했지만, 아브라함의 마음에 섭섭함이 없었을까. 하나님은 그 마음을 아셨을 것이다. 그래서 아브라함을 찾아오셔서 그의 눈에 보이는 모든 땅을 주시겠다고 약속하셨다(창 13:14-17). 이것이 하나님이 주시는 복이다. 하나님은 물질보다 관계를 소중히 여기는 사람에게 더 큰 것을 맡기신다.

이 말씀은 오늘 일하는 우리에게 더욱 절실하다. 성과 중심의 경쟁적 문화 속에서 관계보다 결과를 앞세우는 것을 당연하다고 생각한다. 관계를 지키는 선택이 손해처럼 보이기도 한다. 그러나 결국 사람을 귀하게 여기고, 가족을 지키는 결정을 내리는 이들을 하나님은 복된 길로 인도하신다.

가족은 돈보다 소중한 하나님의 선물이다. 돈 때문에 다투고 등을 돌리며 평생 상처를 남기는 일이 있어서는 안 된다. 형제 사랑은 그 어떤 재산보다 귀하다.

묵상을 위한 질문
나는 지금 가족, 형제와의 관계에서 무엇을 더 소중히 여기고 있는가?
혹시 돈이나 이익 문제로 마음이 멀어진 사람은 없는가?

오늘의 기도
가족을 사랑하고 관계를 지키는 삶을 살게 하소서. 손해 보는 것 같아도 하나님이 갚아 주실 것을 믿고 평화의 길을 선택하게 하소서.

회개가 삶을 새롭게 한다

오늘의 말씀 누가복음 19장 8-9절

삭개오가 서서 주께 여짜오되 주여 보시옵소서 내 소유의 절반을 가난한 자들에게 주겠사오며 만일 누구의 것을 속여 빼앗은 일이 있으면 네 갑절이나 갚겠나이다 예수께서 이르시되 오늘 구원이 이 집에 이르렀으니 이 사람도 아브라함의 자손임이로다

돈에 대한 교훈 중 하나는 삭개오의 이야기에서 찾을 수 있다. 바로 회개와 돈의 관계다. 삭개오는 여리고의 세리장이었고, 세리들은 로마의 앞잡이로 여겨 동족들에게 죄인 취급을 받았다. 특히 그는 세금 외에 자신의 몫을 과도하게 챙기며 많은 돈을 쌓았을 가능성이 크다. 겉으로는 부유했지만 사람들에게 미움받고 고립된 삶을 살았고, 마음에는 늘 공허함과 영적인 외로움이 자리 잡고 있었다.

그러던 어느 날, 예수님이 여리고를 지나가신다는 소식을 들은 삭개오는 돌무화과나무에 올라갔다. 예수님이 삭개오의 이름을 부르시며 그의 집에 유하겠다고 하셨을 때, 그는 기쁘게 예수님을 영접했다. 그 만남 이후 삭개오의 삶에는 분명한 변화가 나타났다. 그는 자신의 돈 절반을 가난한 이들에게 주겠다고 선언했고, 누군가의 것을 속여 빼앗았다면 네 배로 갚겠다고 고백했다. 이는 단순한 감정적 후회가 아니라, 율법에 근거한 실제적인 회개의 실천이었다.

성경 속 부자 청년은 돈을 포기하지 못해 예수님을 따르지 못했지만, 삭개오는 달랐다. 그는 돈을 내려놓고 예수님을 따랐다. 마틴 루터는

"진정한 회개는 지갑이 회개할 때 완성된다"고 했다. 마음의 회개가 행동으로 이어질 때 비로소 진짜 회개가 된다. 특히 부정한 방법으로 얻은 돈이 있다면 회개의 첫걸음은 돌려주는 것이다. 하나님은 돈을 통해 드러나는 우리의 진심을 보신다. 회개는 말보다 행동에서, 특히 돈을 다루는 태도에서 더 선명하게 드러난다.

삭개오는 돈으로 지은 죄를 돈으로 회개했다. 그는 자신이 모았던 돈을 내려놓으며 회개했고, 예수님은 그러한 삭개오를 아브라함의 자손이라 부르시며 그의 구원을 선포하셨다. 삭개오가 가진 돈은 더 이상 탐욕의 수단이 아니라 구체적인 변화의 증거가 되었다.

우리도 이 말씀 앞에서 자신을 돌아보아야 한다. 혹시 갚지 않은 빚은 없는지, 남에게 금전적으로 피해를 주고도 회개하지 않은 일은 없는지 살펴야 한다. 헌금 생활은 하나님께 드리는 기본적인 믿음의 표현이며, 그것이 무너졌다면 신앙의 중심도 흔들리고 있다는 증거다. 사업이나 일터에서 다른 이에게 손해를 끼치지 않고, 돈과 관련해 정직하게 사는 것이 회개의 실제적인 열매다.

묵상을 위한 질문
돈을 사용할 때, 하나님 앞에서 정직하고 바른 선택을 하고 있는가?
돈을 쓰는 방식에 회개의 열매를 담고 있는가?

오늘의 기도
삭개오처럼 진실하게 회개하며 살게 하소서. 제게 주신 돈이 회개의 증거가 되게 하시고, 어려움에 처한 이웃을 돕는 축복의 통로가 되게 하소서.

복잡한 인생, 단순한 기쁨

오늘의 말씀 전도서 8장 15절

이에 내가 희락을 찬양하노니 이는 사람이 먹고 마시고 즐거워하는 것보다
더 나은 것이 해 아래에는 없음이라 하나님이 사람을 해 아래에서 살게 하신 날 동안
수고하는 일 중에 그러한 일이 그와 함께 있을 것이니라

인생은 단순하지 않다. 정직한 사람이 고난을 당하고 악인이 득세하는 일이 현실 속에 반복된다. 옳고 그름의 원리로 세상을 정리하고 싶지만 실제 삶은 모순투성이다. 전도자는 복잡하고 이해되지 않는 현실 앞에서 결국 한 가지 결론에 도달한다. 그럴수록 기뻐하라는 것이다.

지혜자 솔로몬은 수많은 모순을 보면서 인간의 이성으로는 도무지 풀 수 없는 것들이 많다는 것을 인정한다. 그는 지혜롭게 살려고 애썼지만, 하나님의 섭리를 온전히 이해하는 데에는 한계가 있다는 사실을 깨달았다. 그래서 그는 현실에서 가장 지혜로운 태도로 '지금 내게 주신 기쁨을 누리며 살 것'을 권한다. 성경은 "이에 내가 희락을 찬양하노니"라고 말한다. 다른 번역에서는 이것을 "즐겁게 사는 것이 최고다"라고 옮기기도 했다.

복잡한 세상, 답 없는 상황, 악인이 잘되는 것 같은 현실을 마주할 때 너무 따지고 파고들지 말고, 지금 내게 주어진 행복에 집중하는 것이 가장 지혜롭다는 권면이다. 복잡한 인생을 살아가면서 우리는 종종 '왜 이런 일이 나에게 생겼는가'라는 질문 앞에 선다. 그러나 그 답은 살아 있

는 동안에는 알 수 없는 경우가 대부분이다. 그럴 때는 하나님의 행하심을 신뢰하고 '지금'에 집중하는 것이 지혜다. 결국 인생은 '현재'만이 우리가 손에 쥘 수 있는 유일한 시간이다.

그렇다면 어떻게 현재를 누릴 수 있을까? 좋은 사람들과 함께하는 시간을 소중히 여기고, 소박한 식사 속에서도 기쁨을 발견하며, 하루의 수고 안에서 의미를 찾는 것이다. 사랑하는 이의 미소, 수고 후 마시는 한 잔의 커피, 가족과 나누는 따뜻한 식탁의 대화 속에 우리가 붙잡아야 할 기쁨이 있다.

하나님은 복잡한 세상 속에서도 우리에게 단순한 기쁨을 선물로 주신다. 그것을 감사함으로 누리는 것이 곧 믿음의 태도다. 기쁨을 놓치면 세상의 혼란에 휘둘리지만, 지금 내게 주신 작은 행복을 감사히 붙잡는 사람은 흔들림 없는 중심을 지킬 수 있다.

결국 하나님이 주시는 기쁨은 오늘 안에 있다. 내일은 알 수 없고 어제는 돌이킬 수 없다. 오늘 하루에 담긴 하나님의 은혜와 행복을 감사히 누릴 때, 우리는 복잡한 인생을 지혜롭게 살아갈 수 있다.

묵상을 위한 질문
때로 이해되지 않는 현실 속에서 어떻게 반응하고 있는가?
오늘 내게 주신 단순한 기쁨들을 잘 발견하고 누리고 있는가?

오늘의 기도
복잡한 인생 속에서도 제게 주신 단순한 기쁨을 놓치지 않게 하소서. 오늘 허락하신 작은 행복을 감사히 누리며 하나님을 찬양하는 삶을 살게 하소서.

쉽게 얻은 성과는 오래 가지 않는다

오늘의 말씀 잠언 9장 17절
도둑질한 물이 달고 몰래 먹는 떡이 맛이 있다 하는도다

우리는 누구나 쉽게 얻는 것의 유혹을 받는다. 노력하지 않고도 얻는 돈, 수고하지 않고도 얻는 이익은 달콤해 보인다. 그러나 성경은 분명히 경고한다. 그것은 인생의 함정이며 결국 쓰디쓴 결과를 가져온다.

불로소득은 우리 삶의 중심을 흔들 수 있다. 쉽게 얻은 것은 쉽게 잃기 쉽고, 그것을 지키려는 책임감이나 절제도 약해진다. 반면, 땀 흘려 수고해 얻은 대가는 겸손과 감사, 성실이라는 귀한 가치를 남긴다.

일터에서 성실하게 노력해 얻은 결실은 오래 간다. 이것이 하나님이 기뻐하시는 방식이기도 하다. 그래서 성경은 일하는 자가 먹는 것이 가장 정직한 복이라고 강조한다. 정직한 노동은 단순히 생계를 유지하는 수단이 아니라, 하나님이 주신 소명을 이 땅에서 구체적으로 실천하는 길이기도 하다.

엘리사의 사환 게하시는 나아만 장군의 나병이 치유되는 기적의 현장을 함께했다. 엘리사는 하나님의 은혜는 돈으로 살 수 없다고 말하며 나아만의 예물을 거절했지만, 게하시는 탐욕을 품고 몰래 나아만을 찾아가 예물을 챙겼다. 그는 거짓말로 엘리사를 속이려 했지만 결국 모든 것을 아신 하나님 앞에 드러났고, 그 대가는 참혹했다. 나아만에게서 떠난 나병이 그와 후손에게 임한 것이다. 게하시는 작은 욕심을 충족하려

했을지 모르지만, 결과적으로는 가문 전체를 무너뜨리는 결과를 낳았다. 게하시는 은혜의 자리에 있었지만, 은혜보다 돈을 선택했다.

성경은 "망령되이 얻은 재물은 줄어가고 손으로 모은 것은 늘어가느니라"(잠 13:11)라고 말한다. 빠르게 얻은 수익은 손가락 사이로 빠져나가는 모래처럼 우리 손에 오래 머물지 않는다. 정직한 땀과 성실한 수고로 모은 돈은 우리의 인격을 세우고, 그 돈을 지켜내는 복도 따른다.

중요한 것은 돈의 양이 아니라 그것을 얻는 과정이다. 과정이 삶의 기반을 만든다. 그래서 신앙인은 돈을 벌고 관리하는 태도에서 믿음을 드러내야 한다. 많은 사람이 불로소득을 꿈꾼다. 적은 노력을 투자하여 빠르게 이익을 얻으려 한다. 정직하게 일해서 얻는 수입보다 더 큰 유혹을 느끼기 쉽다. 그러나 인생은 단기전이 아니라 장기전이다. 하나님은 우리가 땀 흘려 일하는 삶을 귀히 여기신다. 열심히 일하고 성실하게 관리하며, 받은 것에 감사하는 태도가 결국 복된 인생의 길이다.

묵상을 위한 질문
정직한 수고보다 빠르고 쉬운 이익에 더 마음이 끌릴 때가 있는가?
불로소득의 유혹 앞에서 나는 어떤 선택을 하고 있는가?

오늘의 기도
쉽게 얻으려는 마음을 내려놓고 정직하게 일하는 태도를 갖게 하소서. 탐욕이 아닌 감사와 성실로 하루를 살게 하시고, 주신 것을 귀히 여기는 지혜를 주소서.

하나님이 하시는 일

오늘의 말씀 전도서 8장 17절

또 내가 하나님의 모든 행사를 살펴 보니 해 아래에서 행해지는 일을
사람이 능히 알아낼 수 없도다 사람이 아무리 애써 알아보려고 할지라도
능히 알지 못하나니 비록 지혜자가 아노라 할지라도 능히 알아내지 못하리로다

사람은 본능적으로 인과관계를 분석하고 결과를 예측하려 한다. 성공한 사람들을 연구하고, 실패의 원인을 파악하며, 수많은 데이터와 이론을 동원해 미래를 설계한다. 그러나 아무리 뛰어난 지식과 통찰을 가졌다 해도 하나님이 행하시는 모든 일을 알 수는 없다.

솔로몬은 당대 최고의 지혜자이자 수많은 인생사를 연구한 왕이었다. 그는 세상의 이치를 분석하며 의인은 잘되고 악인은 망해야 한다는 기준을 가지고 살폈다. 그러나 실제 현실은 달랐다. 악인이 잘되는 것을 보기도 했고, 의인이 억울하게 고난을 당하는 경우도 목격했다. 그는 이 모순 앞에서 결국 "하나님의 일은 다 알 수 없다"는 결론에 도달했다.

하나님의 일하심은 인간의 계산을 넘어선다. 하나님은 단순히 인간이 기대하는 공정함의 틀 안에서만 일하시지 않는다. 더 크고 깊은 뜻과 섭리로 인류의 역사를 주관하신다. 우리의 이성으로는 하나님의 모든 계획을 이해할 수 없기에 우리는 이 사실 앞에서 겸손해야 한다.

인간의 지혜와 분석은 유익하지만 절대적인 기준은 아니다. 하나님이 허락하지 않으시면 아무리 뛰어난 전략도 결과를 내지 못한다. 전도

와 헌신, 용서와 인내는 세상의 기준으로 보면 비효율적이고 약해 보인다. 그러나 하나님은 그 길을 통해 능히 성공과 구원을 이루신다. 십자가가 바로 그 대표적 예다. 세상은 십자가를 실패라 여겼지만, 하나님은 그 십자가를 통해 인류의 구원을 완성하셨다.

사람의 시각으로는 미련해 보이는 것이 하나님의 능력이 되는 이유는, 하나님의 방법이 사람의 계산과 다르기 때문이다. 우리는 빠르고 효율적인 길, 눈에 보이는 결과 중심의 길을 택하려 하지만 하나님은 종종 느리고 비효율적으로 보이는 길을 통해 더 깊고 본질적인 변화를 이루신다. 오늘 우리는 하나님의 말씀을 따르는 것이 세상의 방식과 다를 수 있음을 인정해야 한다. 사람들은 이익과 결과를 따지며 효율성을 논하지만, 신앙인은 하나님의 뜻에 순종하며 걸어가는 사람이다. 그것이 참된 지혜이자 가장 안전한 길이다.

우리는 모든 것을 다 알 수 없다. 그러나 분명한 것은, 하나님의 말씀을 따르고 그분의 뜻을 신뢰하며 살아가는 것이 결국 가장 복되고 안전한 길이라는 사실이다. 성공의 본질은 하나님 안에서, 하나님의 기준으로 살아가는 것이다.

묵상을 위한 질문
이해되지 않는 상황 앞에서 하나님의 뜻을 신뢰하고 있는가?
지금 내 판단과 지혜는 하나님의 말씀과 일치하는가?

오늘의 기도
사람의 지혜와 경험으로 모든 것을 판단하지 않게 하시고, 하나님의 일하심을 겸손히 인정하며 순종하는 삶을 살게 하소서.

모든 것이 하나님 손에

오늘의 말씀 전도서 9장 1절

이 모든 것을 내가 마음에 두고 이 모든 것을 살펴 본즉 의인들이나 지혜자들이나 그들의 행위나 모두 다 하나님의 손안에 있으니 사랑을 받을는지 미움을 받을는지 사람이 알지 못하는 것은 모두 그들의 미래의 일들임이니라

인생은 불확실하다. 아무리 지혜롭게, 선하게 살아도 내일이 어떻게 펼쳐질지는 누구도 알 수 없다. 전도자는 이 세상의 지혜자와 의인들의 삶, 그리고 그들의 행위까지도 결국 하나님의 손에 달려 있다고 고백한다. 사람이 아무리 애쓰고 수고해도 결국 사랑을 받을지 미움을 받을지, 성공할지 실패할지는 알 수 없는 영역이라는 것이다.

이 말씀은 우리의 한계를 일깨운다. 우리는 계획과 전략을 짜며 미래를 예측하려 하지만, 성경은 "모두 미래의 일"이라고 선언한다. 그 미래는 하나님의 손안에 있다. 중요한 것은 내가 모든 것을 통제하려는 마음에서 벗어나 하나님 손에 맡기는 신뢰의 삶으로 전환하는 것이다.

룻은 이방 여인이었고, 과부였다. 가장 안전한 길은 모압으로 돌아가는 것이었지만, 그는 시어머니 나오미와 함께 이스라엘로 향하며 이렇게 고백했다. "어머니께서 가시는 곳에 나도 가고 어머니께서 머무시는 곳에서 나도 머물겠나이다 어머니의 백성이 나의 백성이 되고 어머니의 하나님이 나의 하나님이 되시리니"(룻 1:16). 룻은 하나님을 믿고 그분을 섬기는 백성과 함께하기로 결정했다.

인생은 바다를 항해하는 것과 같다. 날씨는 예측할 수 없고 파도는 늘 변한다. 중요한 것은 누가 선장인가다. 하나님이 선장이시라면, 우리는 항해 기술보다 그분의 지시를 따르는 태도가 더 중요하다. 이삭의 삶이 그 대표적 사례다. 기근이 닥쳤을 때 많은 사람이 애굽으로 내려갔지만, 하나님은 이삭에게 그 땅에 머물라고 말씀하셨다. 불리해 보이는 선택이었지만 이삭은 순종했고, 그 결과 백배의 결실을 맺었다. 순종이 형통으로 이어졌다.

우리 역시 수많은 선택 앞에 서며 결과를 두려워한다. 그러나 모든 것이 하나님의 손안에 있다는 말씀은 위로를 준다. 우리는 결과보다 하나님의 뜻에 집중하면 된다.

이를 위해 하나님의 인도하심을 경험하기 위해서는 믿음의 습관을 세워야 한다. 어려울 때마다 하나님을 찾고, 말씀을 배우며, 하나님의 관점에서 판단하고 행동하는 훈련이 필요하다. 이런 습관을 가진 사람은 예측할 수 없는 인생 속에서도 은혜와 인도하심을 누릴 수 있다.

묵상을 위한 질문
지금 나는 결과보다 하나님의 뜻에 집중하고 있는가?
내 인생의 결정권을 누구에게 맡기고 있는가?

오늘의 기도
제 삶의 모든 순간이 하나님 손안에 있음을 믿습니다. 미래에 대한 두려움보다 하나님의 주권을 신뢰하며, 오늘의 선택 속에서 하나님의 인도하심을 따르게 하소서.

끝을 의식하는 태도

오늘의 말씀 전도서 9장 3절
모든 사람의 결국은 일반이라 이것은 해 아래에서 행해지는
모든 일 중의 악한 것이니 곧 인생의 마음에는 악이 가득하여
그들의 평생에 미친 마음을 품고 있다가 후에는 죽은 자들에게로 돌아가는 것이라

우리가 살아가는 이 세상에서 미래는 예측할 수 없는 영역이다. 많은 것을 준비하고 계획하더라도 인생의 마지막은 누구에게나 찾아온다. 성경은 죽음이 인생의 결국이며, 해 아래 모든 인생의 공통된 결말이라고 말씀한다.

솔로몬은 사람의 마음 안에 있는 악과 분노를 지적한다. 사람들은 평생 자신의 욕망을 이루기 위해 분주히 움직이지만, 그 안에는 하나님을 인정하지 않으려는 고집과 뜻대로 되지 않을 때 쌓이는 분노가 있다. 결국 이런 인생은 죽음 앞에서 허무한 결말을 맞게 한다. 하나님을 믿지 않는 인생은 자기 자신만을 의지하며 욕망을 따라 살다가 결국 죽음 앞에 무너진다. 그러나 하나님을 믿는 자들은 다르다. 죽음은 끝이 아니라 새로운 시작이다. 주님 안에서 죽음은 잠시의 관문일 뿐이며, 그 이후에는 하나님이 예비하신 천국의 영광이 기다린다.

우리는 이 땅에서 어떻게 살아야 할지를 날마다 점검해야 한다. 분복은 누리되 쾌락이 목적이어서는 안 된다. 영원한 생명을 준비하는 지혜로운 삶을 택해야 한다. 죽음을 두려워하기보다, 죽음을 이기신 예수님 안에서 담대함과 소망을 가지는 것이 신앙인의 길이다.

성경은 "한 번 죽는 것은 사람에게 정해진 것이요 그 후에는 심판이 있으리니"(히 9:27)라고 말한다. 이 땅의 인생은 유한하지만, 그 이후의 삶은 영원하다. 그러므로 우리는 인생의 마지막을 기억하며 오늘을 살아야 한다. 예수 그리스도를 믿는 믿음은 심판 앞에서 긍휼을 입는 유일한 길이다(약 2:13).

하나님을 모르는 자들은 인생에서 많은 것을 이루려 애쓰지만, 결국 죽음 앞에서는 모두가 똑같다. 그러나 하나님 안에 있는 우리는 죽음을 준비된 관문으로 받아들이고, 영원한 생명을 향해 살아간다. 예수님을 믿고 따르는 자는 이 땅에서 성실히 살면서도 언제나 하나님 나라의 소망을 품고 산다.

삶을 돌아보며. 하나님이 맡기신 사명을 감당하고 있는지 점검하라. 마지막 순간이 왔을 때 우리는 어떤 평가를 받을 것인가? 착하고 충성된 종이라는 말씀을 듣기 위해 지금의 하루하루가 신실해야 한다. 직업과 관계, 돈과 시간 속에서 하나님이 기뻐하실 열매를 남기는 삶이 되어야 한다.

묵상을 위한 질문

나는 인생의 마지막을 어떻게 준비하고 있는가?
오늘의 삶이 영원을 준비하는 믿음의 삶으로 이어지고 있는가?

오늘의 기도

인생에 마지막이 있다는 진리를 기억하며 하루하루를 소중히 살게 하소서. 죽음을 두려워하기보다, 예수 그리스도 안에서 영원한 소망을 품고 오늘도 믿음으로 살아가게 하소서.

오늘이라는 축복

오늘의 말씀 전도서 9장 4절
모든 산 자들 중에 들어 있는 자에게는 누구나 소망이 있음은
산 개가 죽은 사자보다 낫기 때문이니라

고대 이스라엘 문화에서 개는 천한 존재로 여겼고, 사자는 왕의 상징으로 영광과 힘을 나타냈다. 그런데 성경은 "살아 있는 개가 죽은 사자보다 낫다"고 말한다. 아무리 위대해도 죽으면 아무것도 할 수 없지만, 보잘것없어 보여도 살아 있는 한 다시 시작할 희망이 있기 때문이다.

아무리 위대하고 성공한 사람이라도 죽은 뒤에는 더 이상 할 수 있는 일이 없다. 결국 사람들에게 잊히기 마련이다. 그러나 아무리 작고 초라한 존재라도 살아 있다면 다시 시작할 수 있다. 변화할 수 있고, 성장할 수 있으며, 새로워질 수 있다.

살아 있는 한 하나님의 능력 안에서 다시 시작할 수 있다. 그러니 절망하거나 포기하지 말고, 회복의 은혜를 믿고 일어서야 한다. 우리 삶에는 수많은 실패와 좌절이 있다. 사업의 실패, 건강의 악화, 관계의 단절 같은 고통은 우리를 절망하게 만든다. 그러다 보면 더 이상 전진하지 못하고 포기하고 싶어진다.

하지만 하나님의 사람은 믿음으로 다시 일어서야 한다. 하나님이 우리를 붙드시고 다시 일으키실 것을 믿어야 한다. 생명은 죽은 자가 남긴 명예나 성공보다 더 소중하다.

어떤 상황에서도 산 자에게는 소망이 있다. 하나님이 인생을 새롭게 하시는 은혜를 경험할 기회를 주신다.

하나님을 섬기는 일도 마찬가지다. 살아 있을 때만 할 수 있다. 그래서 건강할 때, 생명력이 있을 때 더욱 주님을 섬겨야 한다. 내가 교회를 개척했을 때, 아버지는 매주일 아침 시골에서 새벽버스를 타고 올라와 예배를 드리고, 저녁 늦게 내려가셨다. 이 일을 일 년 동안 계속하셨다. 힘드실 테니 그만하시라고 말씀드릴 때마다, "하고 싶어도 할 수 없을 때가 온다. 지금 할 수 있을 때 열심히 해야 한다"라고만 말씀하셨다. 결국 그 일 년이 아버지가 하나님을 섬긴 마지막 해가 되었다.

오늘 살아 있다는 것은 축복이다. 무엇이든 다시 시작할 수 있다. 하나님을 섬기는 일도, 사업의 재기도, 회복의 은혜를 간증할 기회도 여전히 남아 있다. 그러니 절망하지 말고 하나님을 믿는 믿음으로 하나님을 의지하자. 반드시 일으키시는 하나님을 경험할 것이다.

묵상을 위한 질문

나는 어떤 상황에서 낙심하는가?
회복을 주시는 하나님께 마음의 소원을 올려드리는 기도문을 작성해 보라.

오늘의 기도

절망 속에서도 다시 시작할 기회를 주시는 하나님을 찬양합니다. 포기하지 않고 오늘의 삶을 소중히 여기며, 믿음과 지혜로 다시 일어서게 하소서.

품격 있는 삶

오늘의 말씀 전도서 9장 8절
네 의복을 항상 희게 하며 네 머리에 향 기름을 그치지 아니하도록 할지니라

삶은 한정된 시간 속에서 최선을 다해 살아가는 여정이다. 전도자는 이 유한한 인생 속에서 품격 있는 태도로 살아가길 권한다. 오늘 본문은 두 가지를 말한다. 의복을 항상 희게 하라는 것, 머리에 향 기름을 바르라는 것이다.

이 두 표현은 외적인 단정함과 내적인 기쁨을 상징한다. 단지 겉모습을 깨끗이 하라는 뜻이 아니다. 하나님 앞에서 정결한 삶을 살아가라는 상징적인 표현이다. 동시에 단정한 외모는 삶의 태도를 드러내는 중요한 요소다. 어떤 복장을 하느냐에 따라 태도도 달라지고, 마음가짐도 달라진다. 깔끔한 옷을 입고 거울 앞에 섰을 때 느끼는 작은 자신감은 하루의 시작을 새롭게 만든다. 외모가 모든 것을 말해 주지는 않지만, 분명히 메시지를 전한다. 정돈된 옷차림, 단정한 인상, 깨끗한 자세는 상대방에게 신뢰를 주고, 자신에게도 경건한 마음을 지키게 한다.

머리에 향 기름을 바르라는 표현은 기쁨과 만족, 인생을 즐기는 태도를 의미한다. 히브리 문화에서 향 기름은 축제와 기쁨의 상징이었다. 인생은 고될 수 있지만, 하나님의 사람은 그 속에서도 기쁨을 잃지 않아야 한다. 미소 짓고 배려하며 다른 이의 마음을 부드럽게 녹이는 것이 지혜자의 삶이다. 일상의 작은 습관 속에서 우리는 삶의 품격을 쌓아 간다.

정갈한 외모와 미소 띤 표정은 하루를 시작하는 마음에 긍정적인 힘을 준다. 그러나 겉모습만 아름답고 내면이 비어 있다면 그것은 진정한 품격이 아니다.

외적인 단정함과 함께 인격의 단아함이 필요하다. 남을 배려하는 태도, 겸손한 말투, 성실한 자세가 함께할 때 우리는 비로소 하나님 앞에서 품격 있는 인생을 살아가게 된다. 요셉은 이방 땅에서도 내면의 정결과 외면의 단정함을 잃지 않음으로 유혹을 이겼다. 다니엘은 우상의 재물로 풍요로움을 누리기보다 하나님의 사람으로서 자신을 지키는 품격 있는 신앙인이었다. 에스더는 철저한 준비와 품위 있는 태도로 민족을 구원하는 지혜를 보여 주었다.

단정한 삶은 곧 하나님의 사람답게 사는 것이다. 그 태도는 외모와 인품 모두에 반영된다. 주어진 시간에 충실하고 맡겨진 영역을 정결하게 가꾸는 것이 빛나게 사는 법이다. 단정한 옷차림과 향기로운 인격은 인생을 더욱 깊고 풍성하게 만든다.

묵상을 위한 질문
나는 오늘 어떤 모습으로 세상 앞에 서고 있는가?
외적인 단정함과 함께 내면의 향기도 품고 있는가?

오늘의 기도
유한한 인생을 품격 있게 살게 하소서. 단정한 외모와 함께 온유하고 향기로운 성품을 갖게 하시고, 오늘도 하나님 앞에서 기쁨과 정성을 담은 삶을 살아가게 하소서.

함께 걷는 삶

오늘의 말씀 전도서 9장 9절

네 헛된 평생의 모든 날 곧 하나님이 해 아래에서 네게 주신
모든 헛된 날에 네가 사랑하는 아내와 함께 즐겁게 살지어다
그것이 네가 평생에 해 아래에서 수고하고 얻은 네 몫이니라

인생은 본질적으로 유한하며, 예측할 수 없는 날들의 연속이다. 전도자는 인생의 허무함을 반복해 말하면서도, 하나님이 우리에게 주신 분명한 몫이 있다고 강조한다.

그것은 곁에 있는 사람과 함께 살아가는 즐거움이다. 불확실한 삶 속에서도 곁에 있는 이들과 나누는 일상의 소소한 기쁨은 인생의 진짜 복이다.

결혼한 사람에게는 배우자와 함께하는 시간이 그 복이다. 일이 잘 풀리지 않을 때도, 피곤한 하루가 끝난 저녁에도 곁에 앉아 식사하고 눈을 마주하는 순간은 인생의 큰 위로다. 수고의 땀이 흘러도 누군가 옆에서 그 노고를 알아주고 격려해 줄 때, 삶은 충분히 아름답다.

결혼하지 않았거나 혼자 사는 이들에게도 하나님은 사람을 붙여 주신다. 함께 일하는 동료, 가족, 교회 안에서 믿음을 지켜가는 성도들이 있다. 누구도 혼자 살아갈 수 없으며, 함께할 때야 비로소 인생의 의미를 느낄 수 있다. 작은 웃음, 따뜻한 말 한마디, 짧은 식사 시간이 우리의 마음을 녹이고 삶을 견디게 하는 힘이다.

하나님은 인생의 피로와 허무를 이겨낼 수 있는 가장 좋은 방법으로 '관계'를 주셨다. 우리는 관계 안에서 위로받고, 회복되고, 다시 일어설 수 있다. 그래서 사람과의 관계는 우리의 삶을 복되게 만드는 요소다. 성공이 인생을 완성시키지 않는다. 돈이 풍성한 것이 삶을 윤택하게 하지 않는다. 오히려 좋은 사람들과의 따뜻한 관계가 인생을 가치 있게 만든다.

가까운 사람과 행복하게 지내는 것이 인생의 핵심이다. 말로 다 표현할 수 없는 인생의 허무함을 이기는 길은 곁에 있는 사람과 잘 지내는 것이다. 그 대상이 배우자이든, 친구이든, 자녀이든, 동역자이든 그들을 귀히 여기고 사랑하며 함께 기뻐하려는 마음이 복된 삶의 시작이다.

우리는 지금 곁에 있는 사람들과 최선을 다해 관계를 가꾸며 살아야 한다. 그들이 바로 우리의 인생을 함께하는 동반자이며 하나님이 주신 선물이다. 사랑은 먼 곳에서 오는 것이 아니다. 바로 오늘 곁에 있는 사람과의 따뜻한 관계 속에서 피어난다. 그 관계 안에서 웃고, 나누고, 용서하고, 감사하며 사는 것이 하나님이 말씀하신 '몫'이다.

묵상을 위한 질문
나는 지금 곁에 있는 사람들과 어떤 관계를 맺고 있는가?
하나님이 내게 붙여 주신 사람들에게 내가 할 수 있는 사랑의 표현은 무엇인가?

오늘의 기도
곁에 있는 사람들과 함께하는 삶이 제게 주신 복임을 잊지 않게 하시고, 사랑과 섬김으로 관계를 아름답게 가꾸는 지혜를 주소서.

힘을 다해 일하라

오늘의 말씀 전도서 9장 10절
네 손이 일을 얻는 대로 힘을 다하여 할지어다
네가 장차 들어갈 스올에는 일도 없고
계획도 없고 지식도 없고 지혜도 없음이니라

인생에는 시작할 때가 있고 마무리할 때가 있다. 일을 한창 해야 하는 시기에는 누구나 쉬고 싶은 마음이 간절하다. 그래서 일에서 떠나는 날을 소원처럼 그리기도 한다. 하지만 은퇴한 이들의 삶을 보면 상황은 다르다. 일이 없다는 사실 때문에 오히려 힘들어하며 살아간다.

죽음을 앞둔 사람은 돈도 필요 없고, 일도 할 수 없고, 아무것도 계획할 수 없다. 그런 시간이 오기 때문에 지금 일할 수 있을 때는 힘을 다해야 한다. 지금은 괴롭고 버겁지만, 언젠가 하고 싶어도 하지 못하는 때가 반드시 온다.

사업을 시작할 때 두려움이 있고, 새로운 길을 갈 때도 불안하다. 과로에 지쳐 하소연하기도 한다. 우리는 이렇게 치열하게 살아간다. 그래서 삶이 너무 힘겹고 고단하게만 느껴질 때가 있다. 그럴 때는 언젠가 일하고 싶어도 일할 수 없는 때가 온다는 사실을 기억하라. 생각을 조금 바꾸면 지금 이 순간이 감사의 이유다. 일할 수 있기에 가족을 부양할 수 있고, 경제적 혜택을 누리고, 문화생활도 즐길 수 있다. 이 모든 것이 노동을 통해 주어지는 유익이다.

우리는 가끔 인생의 바닥을 경험한다. 그 바닥에서 다시 올라올 때 깨닫는 것은 하나다. 평범한 일상이 얼마나 소중했는가 하는 것이다. 지금 불평하고 힘들어하는 것 중 많은 부분은, 시각을 달리하면 큰 축복이고 은혜임을 알게 된다. 일이 없으면 불안하고, 조금 많으면 힘들어하는 것이 인생이다. 일할 수 있는 기회와 시간이 있다는 것은 축복이다. 섬길 교회가 있고, 섬길 대상이 있으며, 그 일을 감당할 힘과 건강이 있다는 것도 축복이다.

일은 단순히 생계의 수단이 아니다. 하나님이 우리 각자에게 맡기신 사명이자, 하나님께 영광을 돌리는 통로다. 바울은 "무슨 일을 하든지 마음을 다하여 주께 하듯 하고 사람에게 하듯 하지 말라"(골 3:23)고 권면했다. 우리의 일하는 태도와 열매는 모두 하나님께 드리는 예배다.

바울은 복음 사역을 설명하며 힘써 수고했다고 고백했다(골 1:29). 사역이든 일이든 쉽게 감당할 수 있는 것은 없다. 힘들기에 의미가 있고, 그 과정조차 하나님 안에서는 행복이 될 수 있다. 언젠가 더 이상 일할 수 없는 때를 기억하며 최선을 다해 감사로 누려야 한다.

묵상을 위한 질문
일할 수 있는 기회를 얼마나 감사히 여기며 살아가고 있는가?
오늘 내가 맡은 일에 최선을 다하기 위해 무엇을 해야 하는가?

오늘의 기도
일할 수 있는 지금 이 시간을 감사히 여기며 최선을 다하게 하소서. 바울처럼 주어진 사명을 힘써 감당하고, 일과 섬김으로 하나님께 영광 돌리게 하소서.

시기와 기회

오늘의 말씀 전도서 9장 11절

내가 다시 해 아래에서 보니 빠른 경주자들이라고 선착하는 것이 아니며
용사들이라고 전쟁에 승리하는 것이 아니며 지혜자들이라고 음식물을 얻는 것도 아니며
명철자들이라고 재물을 얻는 것도 아니며 지식인들이라고 은총을 입는 것이 아니니
이는 시기와 기회는 그들 모두에게 임함이니라

세상은 실력의 세상처럼 보인다. 빠른 자, 강한 자, 지혜 있는 자, 지식 있는 자가 성공하는 것 같다. 하지만 전도자는 말한다. 아무리 조건을 갖춘 사람이라도 결국은 "시기와 기회"가 있어야 한다고.

여기서 말하는 '시기'는 하나님이 정하신 때다. 세상의 타이밍과 다르고 내가 원하는 시간도 아니다. 하나님이 보시기에 가장 적절한 순간이다. '기회'는 인간의 눈에는 우연처럼 보이지만, 하나님의 계획 안에서 허락된 문이다. 이 두 가지는 사람의 능력과 무관하게 하나님이 주도하신다.

모든 일은 하나님이 허락하신 계획 안에서 일어난다. 사람은 종종 실력을 믿고 앞서가려 하지만, 하나님은 실력 너머의 마음 자세를 보신다. 애써도 열리지 않던 일이 하나님의 때에 갑자기 열리며 형통하게 될 때가 있다. 세상은 그것을 '운'이라 부르지만, 하나님의 사람에게는 '하나님의 때, 하나님의 기회'다.

우리는 준비된 사람이 되어야 한다. 오늘을 성실히 살아가야 한다. 하나님의 기회는 어느 날 갑자기 오지만, 준비된 사람에게 의미 있게 작용

한다. 준비되지 않은 사람은 기회가 와도 붙잡지 못한다. 기회가 없다고 낙심할 필요도 없다. 하나님은 기회를 모든 사람에게 공평히 주시며, 그 시기는 주님께 달려 있기 때문이다.

성경은 이 원리를 여러 인물을 통해 오늘을 사는 우리에게 보여 준다. 다윗은 목동 시절 성실히 살았고, 하나님의 때에 왕이 되는 기회를 받았다. 누구도 그가 골리앗을 쓰러뜨릴 줄 몰랐다. 그러나 하나님은 작은 자를 들어 큰 승리를 이루셨다. 이것이 시기와 기회를 주관하시는 하나님의 역사다.

시기와 기회를 스스로 결정하려다 낙심하거나 조급해질 수 있다. 그러나 성경은 말한다. 결국은 하나님의 때가 있고 하나님이 주시는 기회가 있다. 그렇다면 우리가 할 일은 지금 이 순간을 준비된 태도로 살아가는 것이다. 매일 신실하게 일하고, 기도하며, 인내하는 것이다. 그때 하나님의 시기와 기회는 반드시 임할 것이다.

묵상을 위한 질문
시기와 기회를 내 힘으로 조절하려 하지 않는가?
지금 이 순간을 성실하게 준비하며 살고 있는가?

오늘의 기도
나의 때가 아닌 주님의 때를 기다리게 하소서. 시기와 기회가 주님 손에 있음을 믿고, 오늘을 성실히 살아가게 하소서.

예기치 못한 변수, 지혜로운 대비

오늘의 말씀 전도서 9장 12절

분명히 사람은 자기의 시기도 알지 못하나니
물고기들이 재난의 그물에 걸리고 새들이 올무에 걸림 같이
인생들도 재앙의 날이 그들에게 홀연히 임하면 거기에 걸리느니라

인생은 예측 불가하다. 아무리 똑똑하고 경험이 많은 사람이라도 자신의 때를 정확히 알 수 없다. 어떤 위기, 어떤 전환점, 어떤 복이 언제 찾아올지 알 수 없다. 그래서 전도자는 "사람은 자기의 시기도 알지 못하나니"라고 단호히 말한다. 이는 우리에게 겸손을 요구하는 말씀이다.

세상의 흐름도, 사람의 마음도, 우리의 건강도 시시각각 변한다. 장기적 시야와 철저한 준비가 필요하다. 단기적 이익에만 몰두하지 말고, 변화에 유연하게 대응할 구조와 정신적 준비를 갖춰야 한다.

하나님은 우리가 미래를 다 알게 하시지는 않지만, '지혜롭게 대비할 태도'를 요구하신다. 예수님도 지혜로운 다섯 처녀가 등불에 기름을 준비한 비유를 통해 깨어 준비하는 삶을 강조하셨다(마 25:1-13). 준비된 사람은 위기의 순간에도 담대하다.

전도자는 11장과 12장에서 인생의 대비책을 제시한다. 그것은 '하나님을 기억하는 것'과 '선을 행하며 사는 것'이다. "너는 청년의 때에 너의 창조주를 기억하라"(전 12:1). "일곱에게나 여덟에게 나눠 줄지어다 무슨 재앙이 임할는지 네가 알지 못함이니라"(전 11:2).

여기에는 두 가지 지혜가 담겨 있다. 첫째는 영적 준비다. 하나님을 기억하고 하나님 앞에 바로 서는 것이 인생의 가장 중요한 대비책이다. 둘째는 나눔과 선행이다. 미래를 대비해 분산 투자와 위험 대비가 필요하듯, 영적으로도 삶의 일부를 나눔에 투자해야 한다.

구제는 하늘에 쌓는 재산이며 불확실한 미래 속에서 하나님의 보호를 경험하는 길이다. 내가 도운 사람들이 나중에 나를 도울 수도 있다. 혹 그렇지 않더라도 하나님은 우리의 구제를 기억하시고 어려울 때 반드시 돕는 손길을 보내신다. 하나님을 섬기고 구제하며 선을 행하는 삶은 장기적으로 가장 확실한 보험이다.

우리는 '불확실성' 속에서 중요한 결정을 내려야 한다. 그러나 사람의 계산만으로는 방향을 놓치기 쉽다. 하나님을 경외하며 뜻을 구하는 사람은 흔들림 없는 결정을 할 수 있다. 우리는 미래를 알 수 없지만, 미래를 아시는 하나님을 믿고 따른다. 그러므로 지금 이 순간 하나님을 기억하고, 더 나누고, 더 섬기며 살아야 한다. 그것이 인생의 참된 대비이며 가장 확실한 '하늘 보험'이다.

묵상을 위한 질문
예기치 못한 인생의 순간을 어떻게 준비하고 있는가?
나의 구제와 나눔은 어떤 모습으로 이루어지고 있는가?

오늘의 기도
예기치 못한 인생의 때를 두려워하지 않고 믿음으로 준비하게 하소서. 미래를 알 수 없지만 하나님을 신뢰하며 성실히 살아가게 하소서.

선한 말은 꿀송이 같아서

오늘의 말씀 잠언 16장 24절
선한 말은 꿀송이 같아서 마음에 달고 뼈에 양약이 되느니라

우리는 살아가면서 수많은 언어를 듣는다. 그중에서도 진심 어린 칭찬과 격려의 말은 특별한 힘을 가진다. 마음을 위로하고, 방향을 바로잡아 주며, 무너진 자존감을 회복시킨다. 잠언은 선한 말을 꿀송이 같다고 표현한다. 마음에 달고 뼈에 양약이 된다는 말씀은 칭찬이 단순한 말 이상의 힘임을 보여 준다.

칭찬은 사람의 내면에 긍정의 불을 지핀다. 누군가로부터 "정말 수고 많았어요"라는 말을 들으면 육체의 피로가 사라지는 듯하다. 마음이 무너졌던 사람도 칭찬 한마디로 다시 일어나고, 자신감을 잃고 방황하던 사람도 격려의 말에 살아갈 힘을 회복한다.

심리학은 긍정적 강화가 행동을 지속시키는 가장 효과적인 방법이라고 말한다. 잘하고 있다는 피드백을 받을 때 사람은 더 좋은 결과를 내기 위해 자발적으로 움직인다. 반대로 비난과 무시가 반복되면 마음이 닫히고 능력이 위축되며 열매도 사라진다.

성경은 격려와 칭찬의 대표 인물로 바나바를 소개한다. '위로의 아들'이라는 뜻을 가진 그는 사람을 살리는 칭찬과 격려의 사역을 감당했다. 초대교회는 사울(바울)의 회심을 믿지 못했지만, 바나바는 그를 사도들에게 소개했다. 바울 사역의 시작을 열어 준 순간이었다. 또한 마가 요

한이 실패로 사역에서 배제되었을 때도 바나바는 다시 기회를 주었다. 그의 격려는 마가를 회복할 수 있게 했다.

조직, 가정, 교회 공동체도 마찬가지다. 따뜻한 칭찬과 격려가 있을 때 관계가 부드러워지고 팀워크가 강해진다. 행복감과 만족감이 커지고 성과도 함께 오른다. 칭찬과 격려는 특별한 기술이 필요 없다. 따뜻한 눈빛, 진심 어린 한마디면 충분하다. 우리가 일터와 가정, 교회에서 실천할 수 있는 선한 말은 이렇다.

"당신 덕분에 분위기가 참 좋아졌어요."
"요즘 수고가 많으시죠. 함께 있어 든든합니다."
"그 결정 참 지혜로우셨어요. 본받고 싶습니다."
"오늘 말씀 듣고 마음이 따뜻해졌습니다. 감사합니다."

세상은 비난과 비평이 익숙한 문화 속에 있다. 그러나 우리는 예수님의 제자로서 선한 말을 선택해야 한다. 선한 말은 서로를 살리고, 격려의 언어는 공동체를 건강하게 만든다. 귀로 먹는 보약은 약국이 아니라, 우리의 입술 속에 있다. 오늘도 그 보약을 나누는 하루가 되기를 소망한다.

묵상을 위한 질문
오늘 누군가에게 따뜻한 칭찬과 격려의 말을 전했는가?
비판보다 칭찬을 우선하는 언어 습관을 가지고 있는가?

오늘의 기도
오늘도 누군가의 마음에 힘이 되는 말을 하게 하소서. 제가 먼저 격려하는 사람이 되게 하소서.

잊힌 지혜자

오늘의 말씀 전도서 9장 15절
그 성읍 가운데에 가난한 지혜자가 있어서 그의 지혜로 그 성읍을 건진 그것이라 그러나 그 가난한 자를 기억하는 사람이 없었도다

성경에는 세상을 움직이는 지혜자들이 있다. 그들은 앞에 나서지 않고 조용히 하나님의 뜻을 따라 살지만, 결정적인 순간에 지혜를 드러내며 많은 사람을 살린다. 그 대표적인 인물이 다니엘이다. 그는 바벨론에 포로로 끌려간 유대인이었지만, 왕의 꿈을 해석하고 제국의 위기를 기도와 지혜로 풀어낸 하나님의 사람이었다. 큰 소리로 주장하지 않았지만, 하나님의 음성을 들은 자로서 조용히 역사 속 자신의 자리를 지켰다. 그의 지혜는 나라를 살렸고 역사의 흐름을 바꾸었다.

전도자는 또 다른 지혜자의 이야기를 전한다. 가난했지만 지혜로운 사람이 있었는데, 성읍이 적의 공격을 받을 때 그의 지혜로 성읍이 구원을 받았다. 그러나 시간이 지나자 그를 기억하는 이는 아무도 없었다. 전도자는 이렇게 정리한다.

"그러므로 내가 이르기를 지혜가 힘보다 나으나 가난한 자의 지혜가 멸시를 받고 그의 말들을 사람들이 듣지 아니한다 하였노라"(전 9:16).

지혜가 힘보다 나아 성읍을 구했지만, 가난하고 무명하다는 이유로 인정받지 못했다. 현실적으로 돈과 권력, 조직의 힘이 얼마나 큰지를 보여 주는 대목이다. 오늘날도 가난한 지혜자의 말은 쉽게 잊히고, 권력

자의 어리석음은 오히려 주목을 받는다. 전도자는 다시 이렇게 말한다. "조용히 들리는 지혜자들의 말들이 우매한 자들을 다스리는 자의 호령보다 나으니라"(전 9:17). 우리는 진실되고 조용히 말하는 이들의 지혜에 귀 기울여야 한다. 중요한 것은 그가 유명하거나 권력이 있는지가 아니라, 하나님을 경외하며 하나님의 뜻을 따라 사는 사람인가다.

작은 교회를 섬기는 목회자, 오지에서 사역하는 선교사, 세상에 잘 드러나지 않지만 하나님의 지혜로 말씀을 전하고 성도를 섬기는 사람들이 있다. 우리는 그들의 말을 더 귀히 여기고, 진지하게 들어야 한다.

그리고 자신을 돌아보자. 나는 조용한 지혜자의 말을 듣고 있는가, 아니면 세상의 큰 목소리와 화려한 언변만 좇고 있는가? 다니엘처럼 조용히 자신의 자리에서 하나님을 경외하며 하나님의 뜻을 말하는 이들에게 귀 기울일 수 있는 겸손함이 필요하다.

오늘은 내 주변의 조용한 지혜자를 돌아보며, 그들의 조언과 삶에 감사하는 하루가 되면 좋겠다. 하나님이 보내신 지혜자를 알아보는 영적 분별력이 필요한 때다.

묵상을 위한 질문
나는 내 주변의 조용한 지혜자들의 말에 얼마나 귀 기울이며 살아가고 있는가?
외적인 성공보다 진실되고 지혜로운 사람을 더 존중하는 태도가 내 삶에 있는가?

오늘의 기도
조용히 진실을 말하는 지혜자의 조언을 귀히 여기는 사람이 되게 하소서. 지혜가 빛을 발하는 공동체를 세우는 일에 제 삶이 쓰이게 하소서.

직책과 자리가 주는 무게

오늘의 말씀 전도서 9장 18절

지혜가 무기보다 나으니라
그러나 죄인 한 사람이 많은 선을 무너지게 하느니라

    지혜는 무기보다 낫다. 전략과 자본, 힘과 능력보다 지혜 있는 사람이 조직과 공동체를 더 잘 이끌 수 있다. 그러나 오늘 말씀은 지혜의 유익만을 말하지 않고, '한 사람의 죄'가 얼마나 많은 것을 무너뜨릴 수 있는가 하는 무거운 교훈을 남긴다.

    사울 왕은 이스라엘 역사상 첫 번째 왕이었다. 그의 시작은 겸손했고 하나님의 말씀을 따르는 사람이었다. 그러나 왕위에 오른 후 교만해졌고, 자기 판단과 상황 논리에 따라 결정했다. 사무엘 선지자를 기다리지 않고 제사를 직접 드렸고, 아말렉과의 전쟁에서는 진멸 명령을 어기고 전리품을 남겼다. 결과는 비참했다. 왕권은 다윗에게 넘어갔고, 그는 비극적인 최후를 맞았다. 그의 불순종은 자신뿐 아니라 온 이스라엘 백성에게도 큰 고통을 남겼다.

    현대 역사에도 그 예는 많다. 미국 닉슨 대통령의 워터게이트 사건은 정치 역사에 깊은 상처를 남겼다. 불법 도청과 은폐 시도는 결국 그를 몰락하게 했고, 국가적 신뢰를 무너뜨렸다. 수많은 정책 성과와 외교 업적이 있었음에도 불구하고, 단 한 번의 잘못된 판단과 거짓이 모든 것을 무너뜨린 것이다.

조직과 공동체의 성과는 오랜 시간 쌓아야 하지만, 무너지는 것은 한순간이다. 공동체는 구성원 전체가 함께 만들어 가지만, 단 한 사람의 태도와 선택이 공동체의 명예와 안정에 치명적인 영향을 줄 수 있다.

도덕적 해이, 자만, 방심으로 생긴 작은 틈은 커다란 무너짐으로 이어질 수 있다. 작은 거짓말, 자기합리화, 탐욕, 비윤리적 행동은 겉으로는 아무 일 없는 듯 지나가지만 결국 공동체를 무너뜨리는 불씨가 된다. 그래서 더욱 정직과 절제, 책임 있는 태도가 필요하다. 쌓아 올리는 데는 오랜 시간이 걸리지만, 무너뜨리는 데는 짧은 시간이면 족하다. 공동체를 세우는 힘은 더디고 작아 보여도, 파괴하는 힘은 훨씬 강하다. 그러므로 우리는 더욱 경계해야 한다.

화려한 언변이나 권력의 호령보다 지혜가 공동체를 살린다. 하나님은 우리의 지위와 성과보다, 지금 내 자리에서 어떤 태도로 살아가는지를 보신다. 한 사람의 무너짐이 공동체 전체를 흔들 수 있고, 반대로 한 사람의 정직과 신실함이 공동체를 다시 세우는 힘이 될 것이다.

묵상을 위한 질문
나는 지금 어떤 태도로 공동체와 팀에 기여하고 있는가?
나의 말과 행동이 주변 사람에게 신뢰를 주는 모습인가?

오늘의 기도
제 말과 행동이 공동체에 선한 영향력을 끼치게 하소서. 지혜롭게 말하고 행동하며, 한 사람의 실수로 모든 것이 무너지지 않도록 제 삶을 인도하여 주소서.

끝까지 향기 나는 사람

오늘의 말씀 전도서 10장 1절

죽은 파리들이 향 기름을 악취가 나게 만드는 것 같이
적은 우매가 지혜와 존귀를 난처하게 만드느니라

향 기름은 성경에서 거룩함과 존귀함, 특별한 임무를 위한 준비를 상징한다. 대제사장이 사용하던 기름, 왕에게 붓던 기름은 모두 향기롭게 제조된 귀한 것이었다. 이는 우리가 살아가며 쌓아 온 신뢰와 명예, 신앙과 성실함을 의미한다.

그런데 그 귀한 향 기름 속에 죽은 파리 하나가 들어가면 전체가 썩어 버린다. 전도자의 메시지는 분명하다. 아무리 오랫동안 정직하게 살아온 사람이라도 작은 실수 하나, 사소한 판단의 오류, 한순간의 부주의가 인생 전체를 무너뜨릴 수 있다는 것이다.

우리나라에도 이런 일이 있었다. 한때 고기로 유명해 주말마다 여행객으로 붐비던 지역이 있었는데, 어느 식당에서 고기를 붙일 때 해로운 본드를 사용했다는 사실이 알려졌다. 그 이후 그 식당만 문을 닫게 된 것이 아니라, 지역 전체가 불신을 뒤집어쓰며 명성을 잃었다.

뛰어난 실적과 리더십을 가진 CEO라도 단 한 번의 도덕적 일탈이나 비윤리적 결정으로 모든 것을 잃을 수 있다. 정치인, 연예인, 기업인 가운데도 한순간의 잘못으로 무너진 사례는 셀 수 없을 만큼 많다. 성경은 "선 줄로 생각하는 자는 넘어질까 주의하라"는 말씀으로 경고한다.

고급 향 기름과 같은 우리 인생에 작은 파리 하나가 들어가 모든 것을 망치지 않도록 늘 깨어 있어야 한다. 세상에는 드러나지 않을 수 있어도 하나님은 모든 것을 보고 계신다. 사람의 눈은 피할 수 있어도 하나님의 눈은 피할 수 없다. 우리의 말 한마디, 손끝의 행동, 은밀한 태도까지 주님은 살펴보신다.

"나는 늘 정직하게 살아왔다"는 명예도 단 한 번의 방심으로 무너질 수 있다. 그렇기에 우리는 작은 것을 소홀히 여기지 말아야 한다. 바쁜 일상 속에서도, 순간의 유혹 앞에서도 "하나님이 지금 나를 보고 계신다"는 사실을 기억해야 한다. 하나님 앞에서의 정직함이야말로 인생의 향기를 지켜 주는 울타리다.

또한 우리는 회사와 가정, 교회 안에서 '향기로운 사람'이 되어야 한다. 향기는 크고 대단한 것이 아니라 작은 말투와 습관, 태도에서 배어난다. 그것들이 쌓여 인격이 되고 존귀가 된다. 그러나 이 모든 것도 한 순간의 경솔함으로 악취로 변할 수 있다. 그러므로 늘 자신을 점검하고, 하나님을 의식하며 살아야 한다. 작은 것에 신실할 때 끝까지 향기로운 인생으로 남을 것이다.

묵상을 위한 질문

나도 모르게 방심하고 있는 '작은 실수'는 무엇인가?
하나님 앞에 부끄럽지 않은 말과 행동을 하고 있는가?

오늘의 기도

저의 삶을 날마다 점검하며 살게 하소서. 작은 일에도 신실하며 주님의 눈에 진실된 자로 살아가게 하소서.

마음의 방향이 인생을 결정한다

오늘의 말씀 전도서 10장 2절
지혜자의 마음은 오른쪽에 있고 우매자의 마음은 왼쪽에 있느니라

지혜로운 사람은 마음을 오른쪽에 둔다. 성경에서 오른쪽은 옳음과 바름, 강함, 성공, 번영을 의미한다. 지혜자는 인격과 태도, 습관을 통해 인생을 긍정적 방향으로 이끌며 선순환을 만든다. 반면 우매한 자는 마음을 왼쪽에 둔다. 왼쪽은 어그러짐과 실패, 약함과 불행을 상징한다. 그의 삶은 악순환 속에 갇혀 있다. 우리는 악순환의 고리를 끊고 선순환을 만들어 가야 한다.

성공하는 사람은 성공을 만들어 내는 태도와 방식을 익히고 반복한다. 실패를 발판 삼아 성장하고, 좌절해도 다시 일어나며, 타인을 돕고 공동체 전체를 생각한다. 이런 태도와 습관은 선순환을 이루고, 좋은 기회와 사람들을 불러들이는 환경을 만든다.

반대로 실패를 반복하는 사람은 대개 책임을 외부로 돌린다. 자신의 실수를 직면하지 않고 비판을 방어하며 문제의 본질을 피한다. 그 결과, 실패는 되풀이되고 기회마저 잃고 만다.

성경은 마음의 방향이 곧 삶의 방향이라고 말한다. 지혜자가 마음을 오른쪽에 둔다는 것은 단순히 머리로 옳은 것을 아는 것이 아니라, 마음 깊은 곳의 태도가 바른 방향을 향한다는 뜻이다. 그렇다면 인생의 방향을 바꾸려면 어떻게 해야 하는가?

정답은 오직 하나, 예수 그리스도 안에서 거듭나는 것이다. 인간은 누구나 왼쪽으로 기울어지는 본성을 가진다. 그러나 예수님 안에서 우리는 새로운 마음을 받을 수 있다. 말씀과 기도로 삶을 재정비할 때 인생의 방향을 오른쪽으로 돌릴 수 있다.

거듭남은 단순한 감정의 변화가 아니다. 삶 전체가 하나님의 뜻에 맞춰 새롭게 배열되는 것이다. 그러면 실패의 구조가 끊어지고, 말씀 중심의 새로운 선순환이 시작된다. 성경은 이런 삶을 '의의 길'이라 부른다. 그 길을 걷는 사람에게는 안정과 기쁨, 그리고 진정한 형통이 주어진다.

이 과정은 한 번의 회심으로 끝나지 않는다. 선순환을 유지하려면 계속해서 예수님을 바라보고, 자신의 습관과 마음을 점검해야 한다. 유혹은 늘 있고, 언제든 악순환으로 빠질 수 있다. 지혜로운 사람은 이 싸움을 멈추지 않고 꾸준히 선한 방향으로 삶을 이끌어 간다.

결국 중요한 질문은 이것이다. 나는 지금 어느 쪽으로 마음을 두고 있는가? 지혜자는 오른쪽을 택하고, 하나님 앞에서 기도하며 삶을 세운다. 그들은 요란하지 않게, 그러나 꾸준히 선한 길을 걸어간다.

묵상을 위한 질문
나는 지금 어떤 방향으로 마음을 두고 있는가?
내 삶 속에서 선순환을 만들어 내는 반복적인 태도와 습관은 무엇인가?

오늘의 기도
선한 습관과 믿음의 순종으로 거듭나게 하소서. 예수님 안에서 오늘도 새롭게 시작하는 삶을 살게 하소서.

공손함이라는 힘

오늘의 말씀 전도서 10장 4절

주권자가 네게 분을 일으키거든 너는 네 자리를 떠나지 말라
공손함이 큰 허물을 용서받게 하느니라

전도서 10장은 지도자와 백성, 상사와 부하, 권력을 가진 사람과 그 아래에 있는 사람 사이에서 생길 수 있는 긴장과 그 속에서 드러나는 감정 문제를 다룬다. 오늘 말씀은 이러한 현실적 갈등 상황에서 우리가 어떻게 반응해야 하는지를 보여 준다. '주권자'는 권위를 가진 사람이다. 오늘날로 하면 직장 상사, CEO, 리더에 해당한다. 그들은 때로 감정이 섞인 말이나 행동으로 우리를 억울하게 만들기도 한다. 그때 성경은 "자리를 떠나지 말라"고 말한다. 즉, 감정적으로 반응하지 말고 자기 위치를 지키며 공손함을 잃지 말라는 지침이다.

본문이 말하는 공손함은 감정에 휘둘리지 않는 태도다. 억울한 상황에서도 목소리를 높이지 않고 자리를 박차고 나가지 않는 것이다. 공손함은 또한 존중의 태도다. 상대가 불의하더라도 직분을 존중하는 것이다. 더 나아가 공손함은 맡겨진 자리를 성실히 지키는 태도다. 충성스러운 마음으로 주어진 책임을 끝까지 감당하는 자세다.

이 말씀은 매우 실제적이고 지혜로운 조언이다. 감정은 문제를 확대시키고 관계를 끊는 주요 원인이기 때문이다. 상사의 질책, 고객의 부당한 요구, 동료의 무례한 말 앞에서 우리는 쉽게 격분할 수 있다. 그러나

그 순간 자리를 박차고 나가거나 감정적으로 대응하면 문제는 더 크게 번진다. 감정이 격해질 때는 결정을 미뤄야 한다. 분노는 판단력을 흐리고 분별력을 마비시킨다. 반대로 공손함과 인내는 상황을 안정시킨다. 성경은 "공손함이 큰 허물을 용서받게 한다"고 말한다. 감정을 다스리고 지혜롭게 반응하면 위기 속에서도 새로운 기회를 얻는다.

느헤미야는 공손함의 본을 보여 준 인물이다. 그는 왕의 술관원으로서 무너진 예루살렘 성 때문에 깊은 슬픔에 잠겨 있었다. 왕이 그의 얼굴빛이 어두운 이유를 물었을 때 순간 두려웠지만, 감정을 절제하며 지혜롭게 대답했다. 고대에는 술관원에 대한 신뢰가 절대적이었기에 얼굴빛 하나에도 목숨이 위태로울 수 있었다. 그러나 느헤미야는 공손함으로 상황을 풀어가며, 하나님의 은혜를 경험했다.

우리 역시 불합리하고 억울한 상황 속에서 감정을 다스릴 줄 알아야 한다. 오늘의 질책이나 억울함이 인생의 전부가 아니다. 하나님은 우리가 온유하게 자리를 지킬 때 반드시 회복의 기회를 주신다.

묵상을 위한 질문
최근 감정적인 반응으로 관계나 일에 손해를 본 경험이 있는가?
억울한 상황 속에서도 자리를 지키며 공손함을 실천해야 할 일은 무엇인가?

오늘의 기도
분노와 억울함 속에서도 자리를 지키며 공손하게 반응하는 지혜를 주소서. 감정이 아닌 믿음으로 선택하게 하시고, 주님의 방식으로 관계와 상황을 풀어가게 하소서.

지도자의 허물, 모두의 짐

오늘의 말씀 전도서 10장 5-6절
내가 해 아래에서 한 가지 재난을 보았노니 곧 주권자에게서 나오는 허물이라
우매한 자가 크게 높은 지위들을 얻고 부자들이 낮은 지위에 앉는도다

전도서 10장은 어리석은 자들에 대한 이야기를 다룬다. 우리는 흔히 지혜로운 사람이 높은 자리를 차지하고, 어리석은 사람은 낮은 자리에 있을 것이라 생각한다. 그러나 현실은 그렇지 않은 경우가 많다. 상식 이하의 어리석은 사람이 어떻게 높은 자리에 올랐는지 알 수 없지만, 분명 그런 경우를 보게 된다. 이것이 인생의 아이러니다. 이들이 높은 자리에 앉은 것 자체도 이해되지 않는데, 그들의 결정은 일을 망치고 상황을 더욱 어렵게 만들어 구성원들에게 고통을 준다.

오늘 말씀은 인사권을 가진 지도자가 인사정책에서 실패한 사례를 보여 준다. 어리석은 사람에게 높은 자리를 주고 지혜로운 사람을 낮은 자리에 두면 어떻게 될까? 조직 전체가 흔들린다. 높은 자리에 앉은 어리석은 자는 엉뚱한 일을 저지르고, 지혜자는 그 안에서 고통을 겪는다.

성경 속 르호보암 왕의 사건이 그 예다. 그는 솔로몬의 아들로 왕위에 올랐다. 백성들은 세금과 노역을 줄여 달라고 간청했다. 이에 원로들은 짐을 덜어 주라고 조언했다. 그러나 젊은 친구들은 달랐다. 오히려 더 강하게 세금을 거두고 백성을 억압하라고 부추겼다. 르호보암은 원로의 말을 버리고 젊은 친구들의 조언을 따랐다. 결과는 비극을 가져왔다.

그는 큰 실수를 저질렀고, 결국 이스라엘은 남북으로 분열되었다. 이 사건은 지도자가 누구의 말을 듣고, 누구에게 권한을 맡기느냐에 따라 국가와 공동체가 어떻게 달라질 수 있는지를 보여 준다. 이는 단순히 한 사람의 문제가 아니다. 공동체 전체를 흔드는 중대한 문제다. 지도자는 사람을 볼 줄 아는 안목이 필요하다. 또한 어떤 조언을 받아야 하는지 분별할 지혜가 있어야 한다.

내가 결정할 수 있는 자리에 있다면, 능력과 인격을 함께 볼 수 있는 눈을 달라고 기도해야 한다. 상사와 함께 일한다면 지혜로운 상사를 만날 수 있도록 기도해야 한다. 어리석은 상사를 만나는 것은 재앙과 같다. 사기는 떨어지고, 문제는 반복된다. 그 문제를 해결하느라 늘 고통을 겪는다.

우리가 속한 직장과 교회, 국가의 지도자들이 바른 인사를 하도록 기도해야 한다. 또한 지혜로운 조언을 들을 수 있도록 기도해야 한다. 동시에 우리 자신도 분별력을 갖춘 신실한 사람이 되기를 구하자.

묵상을 위한 질문

내 선택과 결정에 하나님의 지혜가 드러나는가?
지금 나는 공동체 안에서 신뢰받는 사람으로 준비되고 있는가?

오늘의 기도

바른 사람을 알아보고 세우는 분별력을 허락하소서. 저 또한 맡은 자리에서 신실하게 준비하여 주님 뜻에 합당한 사람으로 세워지게 하소서.

하나님이 세우시는 사람

오늘의 말씀 전도서 10장 7절
또 내가 보았노니 종들은 말을 타고 고관들은 종들처럼 땅에 걸어 다니는도다

전도자는 질서가 무너진 세상의 단면을 보여 준다. 종들이 말을 타고, 고관들은 종처럼 걸어 다닌다. 솔로몬 시대에 말은 귀한 수입품으로, 말을 탄다는 것은 매우 높은 신분을 의미했다. 그런데 높은 신분의 사람이 말을 끌고, 종은 그 말 위에 타고 있는 모습이 펼쳐진 것이다.

이것은 격에 맞지 않은 사람이 높은 자리에 앉아 사회 질서를 무너뜨리는 모습을 뜻한다. 자리에 있어야 할 사람이 아니라, 자격이 없는 사람이 그 자리를 차지한 것이다. 진정한 리더십과 자질을 갖춘 이들이 외면당하고, 낮은 자리에서 평가받지 못하는 현실도 함께 말한다.

사회와 조직에서 가장 중요한 것은 자리에 합당한 사람을 세우는 일이다. 자리는 곧 책임이고, 그 책임은 인격과 실력으로 감당해야 한다. 직책이 높다고 존경받는 것은 아니다. 실력과 성품이 뒷받침되지 않으면 조직은 안에서부터 썩고, 결국 밖으로 무너진다.

지도자는 눈앞의 성과나 편의만 보고 사람을 세워서는 안 된다. 겉으로 드러난 충성심만을 보고 판단하면, 진정으로 유능하고 신실한 사람은 멀어지고 아첨하는 자들만 남는다. 이런 인사 실패는 시간이 지날수록 조직의 방향을 흐리게 하고, 공동체 전체를 병들게 만든다. 자리에 필요한 것은 권위가 아니라 책임감이다. 높은 자리는 더 많은 섬김과 희

생을 요구한다. 그 무게를 견딜 수 있는 인격과 실력이 뒷받침되어야 한다. 반대로 아무리 낮은 자리라 해도 성실히 감당하면 하나님은 때가 되면 반드시 높여 주신다.

요셉의 삶이 그 증거다. 그는 종과 죄수의 자리에서도 신실했고, 결국 하나님의 때에 쓰임받았다. 우리 역시 사람을 세울 때 그가 그 자리를 감당할 인격의 그릇을 갖추었는지 살펴야 한다. 또한 지금 자신이 맡은 자리를 성실히 감당해야 한다. 그 자리에 걸맞은 성품과 능력을 위해 끊임없이 훈련받아야 한다.

하나님은 모든 권세 위에 계신 분이다. 세상의 질서가 무너져 보여도 결국 공의로 심판하시고 회복하신다. 세상의 평가보다 하나님의 평가가 더 중요하다. 하나님은 겸손한 자에게 은혜를 주시고, 때가 되면 반드시 높여 주신다. 그러므로 우리는 국가와 사회, 그리고 속한 조직을 위해 기도해야 한다. 인격과 실력이 겸비된 사람들이 중요한 자리를 맡아 일하도록, 하나님이 세워 주시기를 구해야 한다.

묵상을 위한 질문
지금 나의 자리에서 인격과 실력으로 책임을 잘 감당하고 있는가?
주변 사람들을 세울 때 나는 어떤 기준을 가지고 있는가?

오늘의 기도
혼란한 세상에서도 바른 기준으로 사람을 바라보게 하소서. 나의 자리에서 책임감 있게 감당하는 실력과 인격으로 살아가게 하소서.

내 삶을 안전하고 복되게 하는 길

오늘의 말씀 전도서 10장 8-9절

함정을 파는 자는 거기에 빠질 것이요 담을 허는 자는 뱀에게 물리리라
돌들을 떠내는 자는 그로 말미암아 상할 것이요
나무들을 쪼개는 자는 그로 말미암아 위험을 당하리라

세상에는 자신의 유익을 위해 타인에게 손해를 끼치고, 심지어 고통을 감수하게 만드는 사람들이 있다. 전도자는 오늘 말씀을 통해 그런 악한 의도와 행동은 반드시 자신에게 되돌아온다고 경고한다. '함정을 판다'는 것은 누군가를 넘어뜨리기 위해 의도적으로 덫을 놓는 것이다. '담을 허는 것'은 공동체의 경계와 신뢰, 약속을 무너뜨리는 행위다. 이런 행동은 단기적으로는 유리해 보일 수 있다. 그러나 결국 자신에게 해가 되어 돌아온다. 이는 단순한 윤리적 교훈이 아니라 하나님의 공의에 대한 선언이다.

성경 속 하만의 이야기는 이 진리를 선명하게 보여 준다. 그는 모르드개를 미워하여 장대를 세우고 죽이려는 계략을 꾸몄다. 그러나 결국 하만 자신이 그 장대에 매달려 죽었다(에 7:10). 그는 다른 사람을 해치려 했지만, 도리어 자신이 함정에 빠진 것이다. 이 사건은 이웃을 향해 품은 악한 계획은 반드시 하나님의 공의 가운데 되돌아온다는 경고이며, 우리가 선한 마음으로 살아가야 할 이유를 일깨운다.

일의 세계에서도 이 원리는 그대로 적용된다. 거짓 계약, 뒷거래, 정보 조작은 신뢰를 무너뜨린다. 혹 법의 제재를 받지 않는다 해도 신뢰가

무너지면 회복에는 오랜 시간이 걸린다. 어떤 경우에는 다시 세우지 못하기도 한다.

하나님이 주신 힘과 자원은 타인을 무너뜨리기 위한 도구가 아니다. 서로를 세우고 이롭게 하기 위한 도구다. 힘 있는 자는 더 약한 자를 도와야 한다. 지혜 있는 자는 연약한 자를 이끌어야 한다. 그래야 진정한 공동체가 세워진다.

이웃에게 선을 베푸는 삶은 손해가 아니다. 오히려 축복의 씨앗이다. 하나님은 우리가 누군가를 잘되게 할 때, 그 선한 행동을 기억하시고 반드시 보상하신다. 즉각적인 보상이 보이지 않아도, 하나님은 우리의 수고를 결코 헛되이 하지 않으신다. 그러므로 우리는 계산적인 관계가 아니라 신뢰와 존중에 기반한 관계를 지향해야 한다. 경쟁이 치열한 환경 속에서도 성실함과 정직함을 지켜야 한다. 남을 이롭게 하는 태도를 잃지 말아야 한다. 그것이 결국 내 삶을 더 안전하고 복되게 하는 지름길이다.

묵상을 위한 질문
최근 누군가를 이용하거나 불리하게 만드는 선택을 하지 않았는가?
지금 내 주변에 도와야 할 이웃은 누구이며, 그를 위해 내가 할 수 있는 선한 행동은 무엇인가?

오늘의 기도
지혜와 힘을 이웃을 위한 선한 도구로 사용하게 하소서. 어떤 상황에서도 악을 도모하지 않고, 언제나 주님의 뜻에 합당한 선택을 하게 하소서.

무뎌진 도구를 날카롭게

오늘의 말씀 전도서 10장 10절
철 연장이 무디어졌는데도 날을 갈지 아니하면 힘이 더 드느니라
오직 지혜는 성공하기에 유익하니라

삶에는 힘이 필요한 시기가 있고, 지혜가 필요한 시기가 있다. 전도자는 오늘 말씀을 통해 단순하지만 강력한 진리를 전한다. 무딘 도구로 나무를 자르면 더 많은 힘이 든다. 지혜 없이 일하면 에너지만 소모된다. 그러나 날을 갈면, 곧 준비하고 점검하면 더 큰 효과와 결과를 얻는다.

이 말씀은 일의 효율성과 방향을 점검하라는 교훈이다. 열심도 중요하지만 더 중요한 것은 지혜롭게 준비하고 행동하는 것이다. 기업 경영에서도 예산과 인력을 투입해도 전략이 없거나 방향이 틀리면 손해를 본다. 그러나 핵심을 파악하면 적은 노력으로도 큰 결과를 얻는다.

'무딘 철'은 자기 관리가 되지 않은 상태다. 능력은 있지만 마음이 흐려지고, 방향을 잃은 채 반복되는 일상에 묻혀 있는 경우다. 이럴 때는 무작정 달릴 것이 아니라 '철을 가는 시간'을 가져야 한다. 말씀으로 자신을 점검하고, 관계를 정리하며, 몸과 마음을 재정비해야 한다.

"지혜는 성공하기에 유익하다"는 말씀은 방향과 우선순위를 점검하게 한다. 나는 무엇을 위해 일하고 있는가? 바쁘게 살고 있지만 날은 제대로 서 있는가? 잠시 멈추어 하나님 앞에서 내 인생의 연장을 점검해야 한다. 그렇지 않으면 아무리 열심히 일해도 열매가 없고 번아웃에 빠진다.

이 말씀은 팀워크에도 적용된다. 혼자만 잘한다고 되는 일이 아니다. 함께 지혜를 모아야 한다. 누군가의 한마디가 우리 삶의 '무딘 날'을 날카롭게 세우기도 한다. 지혜로운 사람은 '무엇을 하고 있는가'만 보지 않는다. '왜 이 일을 하고 있으며 어떻게 하면 더 잘할 수 있는가'를 고민한다. 그것이 철을 가는 삶이다. 말씀과 기도로 날을 세우며 충전하는 태도다. 바울 사도는 이렇게 고백했다.

"우리가 그를 전파하여 각 사람을 권하고 모든 지혜로 각 사람을 가르침은 각 사람을 그리스도 안에서 완전한 자로 세우려 함이니 이를 위하여 나도 내 속에서 능력으로 역사하시는 이의 역사를 따라 힘을 다하여 수고하노라"(골 1:28-29).

오늘 우리에게 필요한 것은 단순한 열심이 아니다. 날마다 자신을 돌아보며 하나님이 주시는 지혜로 '철을 가는 시간'을 갖는 것이다. 매일을 분주하게만 살지 말고, 인생의 도구를 날카롭게 준비해야 한다. 그래야 낭비하지 않고, 후회하지 않는 삶을 살 수 있다.

묵상을 위한 질문

지금 내 삶의 날은 잘 갈려 있는가, 무뎌지지는 않았는가?
일하기 전에 먼저 준비하고 기도하며 지혜를 구하고 있는가?

오늘의 기도

제 삶의 날을 날카롭게 준비하게 하소서. 무딘 철로 무리하게 일하지 않게 하시고, 먼저 주님의 지혜를 구하며 일의 방향을 바로잡게 하소서.

친절함은 결국 나를 살린다

오늘의 말씀 잠언 11장 17절

인자한 자는 자기의 영혼을 이롭게 하고
잔인한 자는 자기의 몸을 해롭게 하느니라

세상은 점점 더 빠르고 경쟁적으로 변한다. 그 속에서 사람들은 자연스럽게 여유를 잃는다. 자기중심적으로 변하고, 때로는 무례한 태도조차 당연하게 여긴다. 그러나 성경은 인자한 사람, 즉 친절한 사람은 자기 영혼을 이롭게 한다고 말한다. 친절은 타인을 위한 행동 같지만, 사실은 자신을 축복하는 지혜로운 선택이다.

친절한 사람은 먼저 듣는다. 말하기 전에 이해하려 하고, 판단하기 전에 공감하려 한다. 이런 태도는 사람의 마음을 열고 신뢰를 형성한다. 관계를 복되게 만드는 힘이다.

창세기 18장의 아브라함을 보라. 그는 길을 지나던 세 나그네를 정성껏 대접했다. 그들이 누구인지도 모른 채 물을 준비하고, 좋은 송아지를 잡아 요리하게 하며, 평범한 손님을 극진히 환대했다. 결과는 놀라웠다. 그 손님들은 하나님과 천사들이었다. 하나님은 그 자리에서 아브라함이 오랫동안 기다리던 자손에 대한 약속을 주셨다. 작은 친절의 실천이 하나님의 역사와 연결된 것이다.

일터에서도 마찬가지다. 누군가를 무시하거나 무관심하게 대하는 순간, 기회와 축복은 멀어진다. 반대로 한 사람을 소중히 여기는 마음, 따뜻한 말 한마디, 미소 띤 얼굴은 자신을 이롭게 할 뿐 아니라 조직을 밝힌다. 사람들의 마음도 변화시킨다. 바쁜 일상 속에서 친절을 유지하는 사람은 더욱 빛난다.

성경은 이렇게 말씀한다. "구제를 좋아하는 자는 풍족하여질 것이요 남을 윤택하게 하는 자는 자기도 윤택하여지리라"(잠 11:25). 친절과 배려는 좋은 씨앗과 같다. 보이지 않는 땅속에서 자라나, 언젠가는 예상치 못한 열매를 맺는다. 하나님은 친절한 자에게 반드시 갚으신다.

작은 친절은 우리가 속한 공동체를 따뜻하게 만든다. 특히 리더의 친절은 조직의 분위기를 바꾸고, 구성원의 마음에 안정과 신뢰를 심는다. 말 한마디와 인사, 식사 자리의 배려 하나에 따뜻한 마음이 담기면, 그 안에서 좋은 문화가 자라고 건강한 조직이 형성된다.

친절은 관계의 문을 여는 열쇠다. 강한 언어나 판단은 사람을 멀리하게 만들지만, 친절은 굳게 닫힌 마음을 연다. 경쟁이 치열할수록, 비즈니스 환경이 냉정할수록 친절과 배려는 예상치 못한 강력한 무기가 된다. 결국 하나님의 말씀대로 사는 방식이 복을 가져오는 비결이다.

묵상을 위한 질문

나는 오늘 누구에게 따뜻한 친절을 먼저 건넬 수 있을까?
내 언어와 행동 속에 하나님의 사랑이 담겨 있는가?

오늘의 기도

제 말과 행동이 다른 이들에게 은혜가 되게 하소서. 오늘 하루도 먼저 친절을 베풀며, 주님의 사랑을 전하게 하소서.

타이밍을 읽는 능력

오늘의 말씀 전도서 10장 11절
주술을 베풀기 전에 뱀에게 물렸으면 술객은 소용이 없느니라

이 말씀은 고대 근동 문화에 배경을 둔 말씀이다. 당시 집을 지을 때 뱀이 많으면 술객을 불러 뱀을 몰아냈다. 그러나 술객이 방법을 쓰기도 전에 뱀에게 물리면, 준비한 것이 아무 소용이 없었다. 능력이 부족해서가 아니라, 때를 놓친 것이 실패의 원인이었다.

성경에는 타이밍을 정확히 읽고 움직였던 인물이 있다. 느헤미야다. 그는 바사 왕국에서 왕의 술 맡은 관원으로 일하던 중, 예루살렘 성이 무너졌다는 소식을 들었다. 마음은 무너졌지만 섣불리 행동하지 않았다. 먼저 금식하며 기도했고, 때를 기다렸다. 자신이 직무하는 궁전에 왕이 오기를 기다렸고, 왕이 자신에게 무엇을 원하냐고 물을 때까지 참고 기다렸다. 그때가 오자, 그는 즉시 하나님께 기도하고 자신의 간구를 아뢰었다. "내가 곧 하늘의 하나님께 묵도하고"(느 2:4).

느헤미야는 늘 기도로 준비했기 때문에 정확한 타이밍을 잡을 수 있었다. 그리고 그 타이밍이 하나님이 주신 것임을 알았다. 결국 그는 성벽 재건이라는 사명을 이룰 수 있었다.

그렇다면 우리는 어떻게 타이밍을 잡는 삶을 살 수 있을까? 몇 가지 훈련이 필요하다. 첫째, 말씀과 기도로 하루를 시작해야 한다. 문제 의식을 가지고 기도와 말씀에 집중하면 하나님이 지혜와 영감을 주신다.

둘째, 지속적으로 독서하고 배워야 한다. 배움을 통해 시대의 흐름을 읽고 정보를 얻을 수 있다.

셋째, 주변 상황에 민감해야 한다. 하나님의 인도하심은 환경을 통해서도 나타난다. 환경의 변화와 주변의 변화를 민감하게 살피면 하나님이 주시는 가장 좋은 타이밍을 발견할 수 있다.

넷째, 기회는 준비된 자에게 온다. 아직 일어나지 않은 일이라도 미리 계획하고 시행 원칙을 세우며 여러 가능성을 준비해야 한다. 준비되지 않은 자에게 기회는 결코 오지 않는다.

다섯째, 같은 분야 전문가들의 이야기를 들어야 한다. 나의 판단에 오류가 있을 수 있음을 인정하고, 다른 사람의 조언에 귀 기울여야 한다. 성경도 지략이 많으면 평안을 누린다고 말한다(잠 11:14).

마지막으로, 타이밍을 만드시는 분은 하나님이심을 믿어야 한다. 하나님이 때를 열어 주시는 순간을 신뢰하며 늘 준비된 마음으로 서 있어야 한다.

묵상을 위한 질문

최근 놓쳐버린 기회가 있는가? 그때 무엇이 부족했는가?
지금 내가 준비하며 기다리는 하나님의 타이밍은 무엇인가?

오늘의 기도

말씀과 기도로 하루를 준비하게 하시고, 때가 되었을 때 느헤미야처럼 담대히 나아가게 하소서. 준비된 사람으로서 하나님의 타이밍에 반응할 수 있는 지혜를 주소서.

지혜로운 말은 은혜를 남긴다

오늘의 말씀 전도서 10장 12절
지혜자의 입의 말들은 은혜로우나
우매자의 입술들은 자기를 삼키나니

언어는 인격을 드러내는 가장 직접적인 수단이다. 같은 사실도 말의 내용과 태도에 따라 전혀 다른 반응을 불러온다. 오늘 말씀은 지혜로운 자의 입에서는 은혜로운 말이 나오고, 어리석은 자의 입에서는 자신을 삼키는 말이 나온다고 교훈한다. 지혜로운 자는 말로 사람을 살리고, 어리석은 자는 말로 자신을 해친다.

은혜로운 말은 단지 부드럽고 듣기 좋은 말이 아니다. 진실하며 사람을 세운다. 때로는 눈물을 닦아 주고, 때로는 잘못을 바로잡는다. 배려와 공감, 격려와 위로, 절제된 조언이 모두 은혜로운 말이다. "당신의 수고가 얼마나 큰지 압니다. 정말 감사드립니다"라는 한마디는 지친 마음에 큰 위로가 된다. "이 방향이 더 낫지 않을까요? 함께 고민해 보면 좋겠습니다"라는 말은 의견 차이를 존중하면서도 더 나은 길을 제시한다. 이런 말은 사람을 움직이고, 조직을 살리며, 공동체에 신뢰를 더한다.

반면 어리석은 자의 말은 자기 파괴적이다. 불필요한 비판, 남을 깎아내리는 말, 허세와 과장은 듣는 이뿐 아니라 말하는 자신도 지치게 한다. 감정에 휘둘린 말, 뒤에서 퍼뜨리는 이야기, 다듬어지지 않은 직설은 결국 부메랑이 되어 돌아온다.

직장과 사회에서의 말은 곧 그 사람의 영향력이다. 부하에게 전하는 한 마디가 사기를 좌우하고, 회의 중에 나온 한 줄이 팀 전체의 방향을 바꾼다. 은혜로운 말은 위기를 기회로 바꾸고 긴장을 평안으로 바꾼다. 리더는 말을 무기가 아닌, 생명을 살리는 도구로 삼아야 한다.

리더십을 맡은 사람이라면 더욱 언어를 살펴야 한다. 말로 신뢰를 얻을 수도, 한순간에 잃을 수도 있다. 팀원들을 향한 존중의 언어, 고객을 향한 책임의 언어, 동료를 향한 신뢰의 언어가 리더십을 결정한다.

성경은 말의 힘을 끊임없이 교훈한다. "죽고 사는 것이 혀의 힘에 달렸나니"(잠 18:21). "선한 말은 꿀송이 같아서 마음에 달고 뼈에 양약이 되느니라"(잠 16:24). 말은 마음에서 나온다. 그러므로 은혜로운 말을 하려면 먼저 마음을 말씀으로 채워야 한다. 기도와 성령의 다스리심 속에서 언어도 다듬어진다. 결국 말은 내면의 열매다. 지혜로운 사람은 내면을 다스리며 말로 관계를 세운다. 말 한마디가 하루의 방향을 결정할 수 있음을 기억하며, 오늘도 은혜로운 말로 사람을 살리는 하루를 시작하자.

묵상을 위한 질문
나의 말로 누군가를 세우고 있는가, 아니면 무너뜨리고 있는가?
오늘 내가 은혜로운 말로 격려할 사람은 누구인가?

오늘의 기도
입술에 은혜를 부어 주셔서 지혜로운 말을 하게 하소서. 사람을 살리고 위로하며 세우는 도구가 되게 하소서. 오늘도 복음의 언어를 흘려보내는 하루가 되게 하소서.

책임과 절제의 사람

오늘의 말씀 전도서 10장 16-17절

왕은 어리고 대신들은 아침부터 잔치하는 나라여 네게 화가 있도다
왕은 귀족들의 아들이요 대신들은 취하지 아니하고
기력을 보하려고 정한 때에 먹는 나라여 네게 복이 있도다

전도자는 오늘 말씀을 통해, 공동체와 조직을 운영하는 지도자의 태도에 따라 그 조직의 운명이 결정된다고 전한다. 지도자는 공동체의 분위기를 만들고, 그 분위기는 문화가 된다. 그래서 하나님은 리더 한 사람의 태도를 매우 중요하게 여기신다.

'왕이 어리다'는 표현은 단지 나이나 경험 부족을 뜻하지 않는다. 책임감이 없고 절제가 결여된 상태를 말한다. 책임을 지기보다 감정적으로 결정하는 리더십은 공동체에 화를 불러온다.

"아침부터 잔치하는 나라"는 공적인 일을 책임져야 할 사람들이 개인적 즐거움에 빠진 모습이다. 이런 무분별함은 위기를 자초한다.

반면 "귀족들의 아들"로 상징되는 지도자는 품격과 절제를 배운 사람이다. 그는 어떤 자리든 그 자리에 맞는 태도와 경건함을 지킨다. 그와 함께한 사람들 또한 일과 시간, 책임의 경중을 분별하며 행동한다.

전도자는 이를 두고 "복이 있도다"라고 단언한다. 지도자가 자기 관리를 잘하고, 함께하는 이들이 절제 속에서 일할 때, 공동체는 건강하게 성장한다.

우리의 삶에서도 이 말씀은 매우 현실적인 적용을 요구한다. 나는 내 삶의 자리에서 "정한 때에 먹는" 사람인가, 아니면 "아침부터 잔치하는" 사람인가?

바쁜 일상 중에도 자기를 절제하고 인내하며 살아가는 것이 지혜다. 절제는 고된 일이지만, 그것을 절제하는 사람은 결국 큰 신뢰를 얻는다. 그 신뢰가 사람을 세운다.

요셉은 애굽의 총리가 되었을 때 권력을 휘두르거나 과거를 갚는 데 사용하지 않았다. 오히려 절제된 말과 행동으로 나라 전체를 기근에서 살렸다. 그는 '정한 때에 먹고 마시는 자'였고, 맡겨진 권력의 무게를 제대로 감당한 리더였다.

오늘날 일터와 회사도 마찬가지다. 누구에게 자리를 맡기느냐에 따라 미래가 결정된다. 지금 내가 그 자리에 있다면, 정직과 절제 그리고 책임의 무게를 감당할 줄 알아야 한다. 하나님은 그런 자에게 복을 허락하신다.

묵상을 위한 질문
맡은 자리에서 책임감 있게 절제하며 일하고 있는가?
내 주변 사람들과 조직은 절제된 구조로 세워지고 있는가?

오늘의 기도
제게 주신 자리에서 방종이 아니라 절제와 책임으로 살아가게 하소서. 올바른 리더십과 품격 있는 태도로 공동체에 복이 임하게 하소서.

작은 틈을 고치는 지혜

오늘의 말씀 전도서 10장 18절
게으른즉 서까래가 내려앉고 손을 놓은즉 집이 새느니라

지붕의 서까래는 집의 무게를 지탱하는 중심 구조물이다. 이 서까래가 내려앉는다는 것은 집 전체가 무너짐을 의미한다. 성경은 그 원인을 단순하면서도 본질적인 단어 하나로 설명한다. 바로 '게으름'이다.

건물은 외부의 충격보다 내부의 관리 소홀로 무너질 때가 많다. 작은 균열을 방치하면 비가 스며들고, 그 비가 목재를 썩게 한다. 결국 집 전체가 흔들린다. 큰 사고는 작은 무관심에서 비롯된다.

집은 하루아침에 무너지지 않는다. 매일 조금씩 방치된 틈, 무시된 균열, 미뤄 둔 손질이 쌓여 결국 큰 붕괴로 이어진다. 인생도 매일의 사소한 태도가 모여 결과를 만든다.

삶이라는 집에도 서까래가 있고, 담장이 있고, 지붕이 있다. 이 모든 구조를 튼튼히 유지하려면 부지런한 점검과 관리가 필요하다. 성품, 습관, 재정관리, 인간관계, 신앙생활, 직무의 성실함은 일상의 서까래와 같다.

능력 있는 리더는 일이 터졌을 때 대처를 잘하는 사람이 아니다. 일이 생기지 않도록 점검하고 관리하는 사람이다. 문제가 터진 뒤 허둥지둥 수습하는 것은 지혜가 아니다. 좋은 관리자는 평온한 날씨에도 배를 정비하고, 폭풍이 오기 전에 돛과 닻을 점검한다.

신뢰 역시 관리가 필요하다. 평소에 성실함으로 쌓은 평판은 쉽게 무너지지 않을 것 같지만, 작은 방심에도 금이 간다. 가까운 사람과의 관계는 사소한 말 한마디, 작은 무관심으로 무너지기 시작한다. 게으름은 단순히 무위도식만이 아니다. "나중에 하지"라는 미루는 습관, "이 정도는 괜찮겠지"라는 자기 합리화, "누가 하겠지"라는 무관심도 모두 서까래를 무너뜨린다.

삶과 일터, 관계와 신앙을 돌아보아야 한다. 지금 당장 손대야 할 균열은 없는가? 작은 틈을 발견했을 때 빠르게 고치고, 습관처럼 점검하고 돌보는 태도가 단단한 인생의 기초를 만든다.

말씀과 기도, 성도의 교제를 게을리하면 마음에 공허가 들어오기 시작한다. 마음의 틈을 방치하면 시험과 유혹이 스며들고, 결국 신앙 전체를 흔든다. 지금 내 삶의 집은 새고 있지 않은가? 눈에 잘 보이지 않아도 어딘가에서 물이 스며들고 있지는 않은가? 서까래가 내려앉기 전에 미리 점검하고 수리해야 한다. 무너지기 전에 돌이키는 지혜가 복된 삶을 가능하게 한다.

묵상을 위한 질문
내 인생에서 '서까래'와 같은 핵심 구조는 무엇이며, 그것을 잘 점검하고 있는가?
내가 미뤄 둔 작은 균열, 방치하고 있는 일상의 무관심은 무엇인가?

오늘의 기도
제 삶의 틈과 균열을 보게 하시고, 미루지 않고 성실하게 관리하게 하소서. 하루하루를 충실히 감당하며 무너지지 않는 삶의 구조를 세우게 하소서.

말의 힘

오늘의 말씀 전도서 10장 20절

심중에라도 왕을 저주하지 말며 침실에서라도 부자를 저주하지 말라
공중의 새가 그 소리를 전하고 날짐승이 그 일을 전파할 것임이니라

전도자는 오늘 말씀을 통해 '말의 영향력'에 대해 경고한다. 마음속 생각조차 조심하고, 은밀한 자리에서도 비방하지 말라고 한다. 우리의 말은 예상치 못한 경로로 퍼지고, 결국 문제가 되어 돌아오기 때문이다. 전도자는 특히 '왕'과 '부자'를 언급한다. 이들의 평판과 권한은 보통 사람들의 삶에 직접적인 영향을 끼치는 까닭이다.

실제로 고대 사회에서 왕에 대한 비방은 국가와 질서에 대한 도전으로 여겨졌다. 따라서 아무리 사적인 자리라도 왕에 대한 저주는 큰 위험을 수반했다. 부자는 경제적 권한을 지닌 사람이다. 현실적으로 많은 기회와 자원이 그들에게 연결되어 있다. 이런 상황에서 사람들은 부자를 향한 질투와 원망을 품기 쉽다. 그러나 전도자는 그런 마음과 말조차도 자제하라고 한다. 부자를 향한 저주는 단순한 불평으로 들릴 수 있으나, 공중에 날아가 오해와 갈등을 불러일으킬 수 있다.

말씀의 핵심은 권세 있는 자에 대한 말조차 조심하라는 것이다. 말 한 마디가 예상치 못한 결과로 이어질 수 있다. 오늘날 말은 더 빠르고 더 멀리 퍼진다. 휴대폰, 메시지, 이메일, 소셜미디어는 '공중의 새'보다 훨씬 넓은 전달 통로다. 은밀한 말도 결국 언젠가는 드러난다.

엘리사 선지자 시절, 이스라엘에 큰 기근이 들었다. 당시의 왕 요람은 그 원인을 엘리사에게 돌렸다(왕하 6장). 그는 겉으로는 드러내지 않았지만, 마음속으로 엘리사를 저주하며 죽이려는 음모까지 꾸몄다. 그러나 하나님은 엘리사에게 이 사실을 알게 하셨고, 왕의 계획은 무산되었다.

마음속의 저주와 비난도 하나님은 아신다. 그리고 그것은 결국 드러날 수 있다. 오늘 우리에게도 이 교훈은 중요하다. 결정권을 가진 이들에 대해 비판하고 싶은 마음이 들 때가 있다. 그러나 그 말이 조직 안에서 어떻게 회자되고 전달될지는 아무도 모른다. 감정과 판단을 사람에게 말로 쉽게 풀기보다 하나님 앞에서 기도로 풀어야 한다.

믿음의 사람은 말을 조심하고, 입술을 지키는 사람이다. 말은 씨앗이다. 말에는 방향이 있고, 결과가 있다. 특히 권세 있는 자에 대한 말은 관계와 기회를 결정하는 데 큰 영향을 미친다. 지혜로운 사람은 말의 시기와 장소, 대상을 분별하며 입술을 지킨다. 그것이 결국 자신을 지키는 길이다.

묵상을 위한 질문
평소 권위자나 영향력 있는 사람에 대해 어떤 말을 하고 있는가?
내 입술의 말이 하나님 앞에서 정직하고 은혜로운 말이 되고 있는가?

오늘의 기도
제 입술을 지켜 주시고, 생각과 말을 주님의 말씀 안에서 분별하게 하소서. 공경과 진실한 말로 행하게 하시고, 말의 열매로 복을 누리고 나누게 하소서.

믿음의 투자가 가장 확실하다

오늘의 말씀 전도서 11장 1절

너는 네 떡을 물 위에 던져라 여러 날 후에 도로 찾으리라

전도자는 오늘 말씀을 통해 믿음의 투자를 권한다. "떡을 물 위에 던져라"라는 말씀은 손해 보는 것 같고, 돌아올 가능성이 없어 보이는 행동을 뜻한다. 그러나 하나님은 말씀하신다. 여러 날 후에 그것을 반드시 도로 찾게 될 것이라고.

이것은 단지 물질적인 투자에만 국한되지 않는다. 사랑, 헌신, 수고, 기도, 봉사, 구제, 이런 모든 것이 바로 '물 위에 던지는 떡'이다. 우리는 결과가 눈에 보이지 않을 때 쉽게 낙심하지만, 하나님의 방식은 다르다. 하나님은 우리가 심은 것을 잊지 않으시며 반드시 열매를 주신다.

성경은 이렇게 약속한다. "구제를 좋아하는 자는 풍족하여질 것이요 남을 윤택하게 하는 자는 자기도 윤택하여지리라"(잠 11:25). 주는 삶이 곧 받는 삶이다. 남을 도우면 결국 나도 도움을 받는다. 다른 사람을 살리는 삶은 내 영혼도 윤택하게 한다.

"너는 반드시 그에게 줄 것이요, 줄 때에는 아끼는 마음을 품지 말 것이니라 이로 말미암아 네 하나님 여호와께서 네가 하는 모든 일과 네 손이 닿는 모든 일에 네게 복을 주시리라"(신 15:10). 구제는 마음가짐이 중요하다. 억지로가 아니라 기꺼이 베풀 때, 하나님이 그 손길 위에 복을 더하신다.

"내가 어려서부터 늙기까지 의인이 버림을 당하거나 그의 자손이 걸식함을 보지 못하였도다 그는 종일토록 은혜를 베풀고 꾸어 주니 그의 자손이 복을 받는도다"(시 37:25-26). 선을 행하는 삶은 결코 헛되지 않다. 하나님은 베풀고 돕는 의인과 그의 자손까지 책임지신다.

"하나님은 불의하지 아니하사 너희 행위와 그의 이름을 위하여 나타낸 사랑으로 이미 성도를 섬긴 것과 이제도 섬기고 있는 것을 잊어버리지 아니하시느니라"(히 6:10). 하나님은 우리가 한 모든 선한 행위를 잊지 않으신다. 떡을 물 위에 던지는 행위는 믿음 없이는 할 수 없는 일이다. 그러나 하나님은 그것을 가장 확실한 투자라 말씀하신다. 지금은 보이지 않아도 반드시 회복하게 하시고, 때가 되면 돌려주신다.

우리는 이 땅에서 기꺼이 뿌려야 한다. 우리의 정성과 수고와 물질을 통해 누군가가 살고, 교회가 세워지고, 복음이 확장된다면 그것은 결코 헛되지 않다. 오늘 내가 물 위에 던지는 떡은 하나님이 기억하시고 복으로 갚아 주실 것이다.

묵상을 위한 질문

나는 지금 나의 시간과 자원을 어디에 '던지고' 있는가?
기꺼이 베풀고 나누는 삶을 위해 지금 멈춰야 할 이기심은 무엇인가?

오늘의 기도

제 삶에 주신 떡을 움켜쥐지 않고 물 위에 던질 수 있는 믿음을 주소서. 베풀고 구제하는 일에 두려움 없이 나아가며, 주님의 뜻을 이루는 통로가 되게 하소서.

분산의 지혜

오늘의 말씀 전도서 11장 2절
일곱에게나 여덟에게 나눠 줄지어다
무슨 재앙이 땅에 임할는지 네가 알지 못함이니라

인생은 언제나 예측 불가능하다. 우리는 기술과 분석으로 미래를 대비하지만 현실은 우리의 계산을 뛰어넘는 변수들로 가득하다. 바로 이 지점에서 '분산의 지혜'가 필요하다. 성경은 위험을 줄이기 위한 삶의 전략으로 분산을 강조한다. 이는 단순한 재정 전략이 아니라 삶 전체에 대한 태도다.

경제에서 분산 투자는 자산을 여러 분야에 나누어 위험을 줄이는 전략이다. 모든 자원을 한 항목에 집중하면 그 항목이 무너질 때 전체가 흔들린다. 그러나 포트폴리오를 균형 있게 나누면 손실을 보완해 전체적인 안정성을 유지할 수 있다. 이는 개인뿐 아니라 기업의 장기 생존에도 꼭 필요한 원칙이다.

나의 시간과 에너지, 관심과 사랑도 한 대상이나 목적에만 집중하지 말아야 한다. 다양한 관계와 사람들과의 연결 속에 나누어야 한다. 형통한 날만 생각하고 곤고한 날을 대비하지 않으면 쉽게 무너진다. 나눔은 곧 대비이며, 대비는 곧 신중한 준비다.

오늘 말씀은 경제적 의미의 분산에만 그치지 않는다. 미래를 위한 구제와 나눔까지 포함한다. 우리의 미래는 불확실하다. 그러나 어려움이 닥쳤을 때 나를 도울 사람은 내가 도왔던 이들일 가능성이 크다. 설령 그 당사자가 아니어도 하나님은 그 복된 마음을 보시고 누군가를 보내어 돕게 하신다.

구제와 나눔을 여러 사람에게 다양하게 베푸는 것은 보험을 넘어서는 사랑의 확장이다. 한두 사람에게만 친절을 베푸는 것은 은혜의 범위를 좁히는 일이다. 하나님은 우리를 통해 더 넓은 영역으로 사랑이 흐르기를 원하신다.

경영을 맡은 이들에게도 이 말씀은 실제적인 지침이다. 인재 운영에서 모든 권한을 한 사람에게 몰아주는 것은 위험하다. 팀워크와 위임을 통해 리스크를 나누어야 한다. 조직 내 의사결정도 한 방향만 고집하지 않고 다양한 시선을 수용할 때 더 성숙한 결정을 내릴 수 있다.

분산의 지혜는 실패 이후에 회복의 기반이 되기도 한다. 실패가 모든 것을 쓸어가도, 나누어 둔 것들이 우리를 다시 일으켜 세운다. 이것이 실패 후에도 다시 복원할 수 있게 하는 '회복탄력성'으로 작용한다. 다방면의 관계, 다양한 경험, 복수의 수입원, 영적 나눔의 실천이 우리를 무너지지 않게 붙들어 주는 안전망이다.

묵상을 위한 질문

내 자원과 시간을 어떤 방식으로 나누고 있는가?
하나님이 맡기신 축복을 더 많은 사람에게 흘려보내고 있는가?

오늘의 기도

가진 것을 지혜롭게 나누는 사람이 되게 하소서. 한 곳에만 머물지 않고 더 넓은 영역에 사랑과 선한 영향력을 흘려보내는 믿음의 사람이 되게 하소서.

지혜로운 대비

오늘의 말씀 전도서 11장 3절
구름에 비가 가득하면 땅에 쏟아지며
나무가 남으로나 북으로나 쓰러지면 그 쓰러진 곳에 그냥 있으리라

이 말씀은 인생의 예측 불가능성과 한계를 묘사하면서도, 우리에게 지혜로운 대비를 권면한다. 구름에 비가 가득 차면 언젠가 반드시 쏟아진다. 인생의 고난과 위기도 예고 없이 닥친다. 나무가 바람에 쓰러지듯, 미래를 준비하지 않은 사람은 위기의 순간에 무너져 다시 일어날 힘을 잃는다.

성경은 인간이 미래를 통제할 수 없다는 사실을 반복해서 강조한다. 우리가 할 수 있는 것은 단 하나, 지금 주어진 시간 속에서 미래를 준비하는 것이다. 오늘 말씀은 "지금 그날을 준비하라"고 도전한다.

구름은 재앙과 위기를, 나무는 한 인생을 의미한다. 평소에 건강했던 사람이 한순간 병으로 쓰러지고, 성공한 사업가가 어느 날 위기를 맞아 무너질 수 있다. 다시 일어설 힘을 미리 준비하지 않았기 때문이다.

인생의 미래를 위해 재정적인 준비도 필요하다. 그러나 더 중요한 것은 관계의 자산, 영적인 자산을 준비하는 것이다. 관계의 자산은 내가 힘들고 어려울 때 내 손을 잡아 줄 사람, 나를 위로해 줄 사람, 기도해 줄 사람이다. 영적인 자산은 내가 낙심할 때 하나님의 음성에 귀 기울이고 다시 일어설 수 있도록 붙잡아 주는 말씀과 신앙의 뿌리다.

위로자가 없는 인생은 외롭고 힘겹다. 쓰러진 나무처럼 회복 없이 남겨진다. 그러나 우리가 평소에 위로자를 세우고, 선을 행하며, 구제하고, 사람들을 도우면 하나님은 우리 삶 가운데 미래의 위로자들을 예비하신다.

특별히 은퇴 이후의 삶을 생각해 보자. 직장에서 퇴직하고 사회적 영향력과 역할에서 물러났을 때, 여전히 나를 찾아 줄 사람, 기꺼이 도와줄 사람들이 있다는 것은 큰 복이다. 그러나 그 복은 하루아침에 얻는 것이 아니다. 지금 우리가 어떻게 사람을 대하고, 어떻게 도우며 살아가느냐에 따라 결정된다.

지금 주변에 있는 사람들을 귀하게 여겨야 한다. 그들이 바로 미래에 구름이 쏟아질 때, 내가 쓰러졌을 때 곁에 있어 줄 사람이다. 작은 도움, 작은 관심, 진심 어린 나눔이 결국 나에게 돌아올 따뜻한 손길이다. 미래의 비를 막아 주는 우산은 오늘 베푸는 따뜻한 손길에서 만들어진다.

묵상을 위한 질문

위기가 닥쳤을 때 나를 일으켜 줄 '위로자'는 누구인가?
은퇴 이후와 미래의 위기를 대비하기 위해 지금 내가 심고 있는 씨앗은 무엇인가?

오늘의 기도

제게 다가올 미래의 어려움을 두려워하지 않게 하시고, 오늘 이웃을 향한 따뜻한 나눔과 사랑으로 미래를 준비하게 하소서.

오늘의 작은 파종

오늘의 말씀 전도서 11장 4절
풍세를 살펴보는 자는 파종하지 못할 것이요
구름만 바라보는 자는 거두지 못하리라

인생과 경영, 그리고 신앙의 영역에서 '시작'은 언제나 가장 어려운 결단이다. 파종은 수확을 위한 첫 단계다. 그런데 파종해야 하는 사람이 바람만 살피고, 추수해야 하는 사람이 구름만 바라본다면 결국 아무 일도 하지 못한다. 씨를 뿌리려 하니 바람이 많이 불어 오늘은 못 하겠다고 한다. 추수를 하려 하니 구름이 많아 비가 올 것 같으니 못 하겠다고 한다. 농부의 시선에서 보면 타당한 분석 같지만, 이런 계산 때문에 결국 파종도 추수도 하지 못한다.

이 말씀은 과도한 분석과 우유부단함이 실행을 막는다는 경고다. 아무리 좋은 아이디어와 전략도 행동이 없으면 열매를 맺지 못한다. 시기를 재고 환경을 분석하는 것은 필요하지만, 모든 조건이 완벽해질 때까지 기다리면 결국 아무 열매도 거두지 못한다.

오늘날 많은 사람이 투자를 앞두고 불확실성에 망설인다. 리스크를 줄이려는 분석은 필요하다. 그러나 지나친 신중함은 두려움으로, 두려움은 아무 행동도 하지 않는 것으로 이어진다. 그 사이 기회는 흘러가고, 시간은 지나가며, 남는 것은 후회뿐이다. 투자란 늘 어느 정도의 불확실성을 안고 가는 행위다. 그렇기에 결단력과 용기가 필요하다.

하나님이 주신 지혜로 준비했다면 이제는 믿음으로 실행해야 한다. 하나님은 분석보다 믿음을 보신다. 때를 따라 역사하시는 하나님을 의지한다면, 지금 바로 파종을 시작할 수 있어야 한다.

하나님을 믿는 사람은 세상의 원칙을 참고하되, 하나님의 섭리를 기준으로 삼는다. 세상은 수익률을 따지지만, 믿음의 사람은 인도하시는 하나님을 더 신뢰한다. 그래서 말씀을 붙들고 기도하며 준비된 자는 시기를 두려워하지 않고, 파종의 때를 놓치지 않는다.

많은 사람이 '더 나은 날', '완벽한 기회'를 기다린다. 그러나 그 기다림은 아무것도 하지 않으려는 변명일 수 있다. 오늘 할 수 있는 일이 있다면, 그것이 바로 지금 해야 할 일이다. 내일이 불확실하다면 오히려 오늘이 더욱 중요하다. 미래의 수확은 오늘의 작은 파종에서 시작된다.

기회의 문은 계획이 아닌 실행으로 열린다. 바람이 불면 씨가 멀리 날아가 더 풍성한 열매를 맺을 수 있다. 구름 뒤의 비가 땅을 적셔 곡식을 자라게 하기도 한다. 인생의 열매는 기다림 속에서 맺힌다. 그러나 그 기다림은 오늘의 실행 위에 세워져야 한다. 믿음의 사람은 완벽한 조건을 기다리지 않는다. 오늘 할 일을 감당하며, 하나님의 때를 의지한다.

묵상을 위한 질문

나는 지금 어떤 이유로 실행을 미루고 있는가?
하나님을 신뢰하며 오늘 파종해야 할 믿음의 행동은 무엇인가?

오늘의 기도

완벽한 조건만을 기다리며 망설이지 않게 하소서. 지금 주어진 상황 속에서도 믿음으로 결단하고 실행하게 하소서.

정직한 자를 형통케 하신다

오늘의 말씀 잠언 11장 3절
정직한 자의 성실은 자기를 인도하거니와
사악한 자의 패역은 자기를 망하게 하느니라

정직은 인생을 세우는 가장 든든한 기반이다. 눈에 잘 띄지 않을 수 있지만, 결국 그것이 삶을 지탱하고 사람들의 신뢰를 얻는 힘이 된다. 하나님은 정직한 자의 걸음을 인도하시고 그 삶을 형통하게 하신다.

세상은 종종 빠른 이익과 요령을 앞세운다. 그러나 하나님의 방식은 다르다. 정직은 때로 손해처럼 보이고 속도가 느린 것 같지만, 결국은 자신을 살리고 높이는 힘이 된다. 반대로 불의한 꾀는 잠깐 유리해 보여도 결국 스스로를 무너뜨린다.

정직은 특별한 순간에만 필요한 덕목이 아니다. 매일 마주하는 생활 속 선택이 정직의 본질을 드러낸다. 출근길에 교통법규를 지키는 것도 정직이다. 급한 마음이 들더라도 신호를 무시하지 않고 기다리는 태도가 하나님 앞에서의 정직이다. 세금을 바르게 신고하고 투명하게 납부하는 것도 정직이다. 절세는 지혜지만, 탈세는 결코 정당화될 수 없다.

아무도 모르게 넘어갈 수 있는 부분까지 하나님 앞에서 진실하게 임하는 것이 신앙인의 자세다. 거래에서 계약 조건을 성실히 지키고, 약속을 끝까지 이행하는 것도 정직이다. 작은 거래 하나에도 진심을 담아 상대를 배려할 때, 그 삶 위에 하나님의 인도하심이 임한다.

정직한 경영은 고객에게는 신뢰를, 직원들에게는 자긍심과 안정감을, 투자자에게는 믿음을 준다. 특히 정보가 빠르게 확산되는 시대에는 투명하게 운영하는 기업만이 사회적 신뢰를 얻고, 위기 속에서도 살아남을 수 있다.

처음에는 더딜 수 있다. 하지만 시간이 갈수록 정직하게 운영되는 기업은 좋은 사람이 모이고, 고객의 신뢰가 쌓이며, 위기에도 쉽게 흔들리지 않는다. 결국 기업이 브랜드가 되고, 브랜드가 신뢰로 이어지는 선순환이 만들어진다.

예레미야 선지자는 하나님께 받은 말씀을 숨기지 않았다. 사람들에게는 불편한 말로 들려 조롱과 핍박을 받았지만, 그의 정직은 역사의 흐름 속에서 모두 성취되었다. 사람들 앞에서는 거절당했을지 몰라도, 하나님 앞에서는 영원히 신실함으로 기록된 것이다.

진실과 정직은 때로 사람들에게 외면당할 수 있다. 하지만 하나님께는 반드시 상으로 돌아온다. 크고 작은 모든 결정 앞에서, 정직은 언제나 가장 먼저 두어야 할 기준이다.

묵상을 위한 질문
일상생활과 업무에서 정직함을 충분히 지키며 살아가고 있는가?
내게 주어진 자리에서 정직함을 실천하기 위해 개선할 부분은 무엇인가?

오늘의 기도
모든 일에서 정직의 기준을 놓치지 않게 하소서. 작은 일에 충성하며, 사람보다 하나님의 시선을 의식하고 정직한 삶을 선택하게 하소서.

보이지 않는 손길을 신뢰하며

오늘의 말씀 전도서 11장 5절

바람의 길이 어떠함과 아이 밴 자의 태에서
뼈가 어떻게 자라는지를 네가 알지 못함 같이
만사를 성취하시는 하나님의 일을 네가 알지 못하느니라

오늘 말씀은 인간의 한계와 하나님의 주권을 선명하게 드러낸다. 바람의 길은 눈에 보이지 않는다. 다만 나뭇가지가 흔들릴 때, 바람이 스쳤음을 알 뿐이다. 아이가 태중에서 자라는 과정도 마찬가지다. 의학과 과학이 발달했어도 여전히 설명할 수 없는 신비가 남아 있다. 전도자는 말한다. 인간은 다 알 수 없지만, 하나님이 이루시는 일은 분명히 진행되고 있다고.

이 말씀은 우리의 미래, 경영의 결과, 삶의 열매가 모두 하나님의 보이지 않는 손안에서 이루어진다는 사실을 일깨운다. 사람은 본능적으로 미래를 내다보고 싶어 한다. 직장의 방향, 사업의 성과, 가정의 재정, 자녀의 앞날까지 미리 계산하려 한다. 그러나 전도자는 단호히 말한다. 미래는 인간의 계획으로 확정되지 않는다. 하나님이 주관하신다.

하나님은 인생의 '결과'뿐 아니라 '과정'에도 개입하신다. 그러나 우리는 그 방식을 끝내 다 알 수 없다. 바람이 어디서 와서 어디로 가는지 알 수 없듯, 태중의 아이가 자라는 과정을 다 헤아릴 수 없듯, 하나님의 일 하심도 보이지 않지만 결코 멈추지 않는다.

이 말씀은 경영자와 직장인 모두에게 분명한 교훈을 준다. 계산만 붙잡지 말라. 결과에 집착하지 말라. 모든 상황을 내가 통제할 수 있다는 착각을 내려놓아야 한다. 대신 하나님을 신뢰하는 태도, 말씀을 따라가는 습관이 삶을 단단하게 지탱한다.

하나님은 말씀을 붙드는 자를 결코 외면하지 않으신다. 눈앞에 변화가 없어 보여도 하나님은 일하고 계신다. 작은 선행, 정직한 선택, 이웃을 향한 배려, 공동체를 위한 섬김은 지금 당장은 미약해 보인다. 그러나 하나님의 손안에서 자라나 열매가 된다. 그러므로 환경의 풍세에 흔들리지 말라. 말씀에 더 깊이 뿌리 내리는 것이 가장 지혜로운 투자다.

예배의 자리, 말씀에 대한 작은 순종, 어려운 이웃을 향한 선행의 조각이 모여 하나님의 역사를 이루는 퍼즐이 된다. 아직 보이지 않아도 모든 결과가 하나님 손에 있음을 신뢰하며 오늘의 성실함에 집중하는 것, 그것이 참된 지혜다.

묵상을 위한 질문

최근 삶의 결정에서 하나님의 말씀보다 계산과 확률에 더 의존하지 않았는가?
지금 눈에 보이지 않아도 하나님이 일하고 계심을 믿고 순종할 부분은 무엇인가?

오늘의 기도

다 알지 못해도 주님이 제 삶을 이끌어 가심을 믿습니다. 보이지 않는 손길을 신뢰하며 오늘도 말씀따라 순종하며 걸어가는 하루가 되게 하소서.

수고 위에 잘되게 하시는 하나님

오늘의 말씀 전도서 11장 6절
너는 아침에 씨를 뿌리고 저녁에도 손을 놓지 말라
이것이 잘 될는지, 저것이 잘 될는지, 혹 둘이 다 잘 될는지 알지 못함이니라

우리의 인생은 언제나 미래를 알 수 없는 불확실성의 연속이다. 그러나 성경은 무기력이나 체념을 가르치지 않는다. 오히려 적극적으로 살아가며 꾸준히 수고하라고 권면한다. 전도자는 "아침에 씨를 뿌리고 저녁에도 손을 놓지 말라"고 말한다. 인생은 언제, 어떻게 열매를 맺을지 알 수 없기 때문이다.

하나님은 우리의 미래를 아름답게 만들어 가는 분이시다. 우리는 여전히 앞날을 알 수 없고, 언제 어떤 어려움이 닥칠지 모른다. 그렇다고 해서 불안과 염려에만 매여 살아서는 안 된다. 하나님이 우리의 인생을 돌보시고 이끄시는 분이기 때문이다.

아침에 씨를 뿌렸다면 저녁에도 손을 놓지 말아야 한다. 어떤 일을 시작했다면 끝까지 부지런히 이어 가야 한다. 하나님은 우리의 수고를 기억하시고, 정한 때에 열매를 허락하신다.

그래서 일을 시작할 때, 미리 "안 될 것 같다"라며 단정하거나 부정적인 예측만 하지 말아야 한다. 우리의 판단이 전부가 아니기 때문이다. 하나님은 우리의 생각을 초월해 일하시며, 예상치 못한 방법으로도 선한 결과를 이루신다. 우리의 미래는 하나님께 있다.

'이 일은 잘될 것 같고, 저 일은 아닐 것 같다'는 식으로 성급히 결정하지 말아야 한다. 어려움이 오고, 바람에 나무가 쓰러지는 일들이 있다 해도, 그 속에서도 하나님은 일하시며 우리를 지키신다.

믿음의 사람은 미래를 부정적으로만 보지 않는다. 오히려 "이게 잘될까? 저것이 잘될까? 아니면 하나님이 둘 다 잘되게 하시진 않을까?"라는 긍정적인 믿음으로 바라본다. 하나님은 사랑하는 자에게 좋은 것을 주시는 아버지이시다. 우리가 심은 수고 위에 복을 더하시기를 기뻐하신다.

그러므로 믿음의 사람은 낙심하지 않는다. 하나님이 때에 따라 복 주실 것을 기대하며 오늘도 씨를 뿌린다. 하나님은 믿음의 사람으로 우리를 세워 가신다. 영적인 삶뿐 아니라 사회와 가정, 경제적 영역에서도 모든 면에 은혜 주시길 원하신다.

그렇기에 오늘도 우리는 기도하며 성실하게, 꾸준히 살아가야 한다. 매사 긍정적인 시선으로 바라보고, 믿음으로 기대하며 나아가야 한다. 하나님은 우리가 아침에도, 저녁에도 손을 놓지 않고 수고하는 삶 속에서 반드시 잘되게 하시는 은혜를 허락하실 것이다.

묵상을 위한 질문
나는 지금 어떤 영역에서 씨를 뿌리고 있는가?
결과를 알 수 없어도 오늘 해야 할 수고를 성실히 이어가고 있는가?

오늘의 기도
저의 수고 위에 하나님의 은혜를 더하여 주소서. 저의 인생이 하나님의 손길로 복된 열매를 맺게 하소서.

모든 것이 은혜

오늘의 말씀 전도서 11장 7절
빛은 실로 아름다운 것이라 눈으로 해를 보는 것이 즐거운 일이로다

지금까지 살아온 시간, 내 옆에 있는 사람들, 내가 누리는 작은 평안, 그 모든 것이 은혜다. 아침 햇살이 창문을 가득 채울 때 우리는 보통 "오늘 날씨 참 좋네"라고 말한다. 하지만 전도자는 그 빛을 단순한 날씨가 아니라 인생의 상태, 곧 하나님이 주시는 특별한 선물로 본다. 지금 눈으로 해를 보고 있다는 사실, 그 자체가 하나님의 은혜라는 것이다. 단순히 기분 좋은 하루가 아니라, 오늘도 내 삶을 붙드시는 하나님의 손길이 드러나는 증거다.

문제는 우리가 이 은혜를 쉽게 당연하게 여긴다는 것이다. 건강할 때는 아프지 않은 게 일상이라 여기고, 일이 잘 풀릴 때는 그게 내 능력이라 착각한다. 하지만 병에 걸려야 건강이 은혜였음을 깨닫고, 실패를 경험해야 형통의 날이 얼마나 소중했는지 알게 된다.

그래서 전도자는 지금 "해를 보는 것"을 즐거움으로 여기라고 권면한다. 그 자체가 이미 하나님이 주신 기적이기 때문이다. 우리가 누리는 모든 것이 은혜다. 숨을 쉬는 것, 출근해 일하는 것, 가족과 함께 저녁을 먹는 것 중 은혜가 아닌 게 없다. 그러므로 오늘의 일상은 당연한 배경이 아니라 감사의 제목이다. 일도 다르지 않다. 어떤 해는 풍년 같고, 어떤 해는 가뭄 같다.

지금이 형통의 시기라면, 그 빛을 마음껏 누리는 동시에 그 자리에 올 수 있도록 이끄신 하나님께 감사하자. 내 성취만 자랑하면 교만이 들어오고, 결국 오래 버티지 못한다. 형통은 잠시지만, 감사와 겸손은 형통을 지켜내는 힘이다.

또한 밝은 날을 누리는 지금은 나눔의 기회이기도 하다. 해를 보는 사람은 아직 어둠 속에 있는 이들을 위해 등불이 되어야 한다. 직장에서 작은 배려 한마디가 동료의 하루를 바꾸고, 가정에서 따뜻한 격려 한마디가 가족의 마음을 살린다. 교회와 공동체 안에서는 작은 섬김 하나가 누군가의 무거운 짐을 덜어 준다.

하나님은 복을 흘려보내는 자를 기뻐하신다. 결국, 지금의 시간이 은혜라는 사실을 잊으면 우리는 불평 속에 현재를 흘려보낸다. 그러나 시간이 지나면 알게 되리라. 지금 불만을 품던 이 순간조차 사실은 은혜의 날이었다는 것을. 그러므로 오늘을 감사로 채우고, 누군가를 세우는 기회로 삼는 사람이 진정으로 밝은 날을 사는 사람이다.

묵상을 위한 질문
지금 누리는 형통을 당연하게 여기고 있지는 않은가?
하나님이 주신 이 하루를 어떻게 감사로 표현할 수 있을까?

오늘의 기도
제 삶의 모든 순간이 하나님의 손길임을 고백합니다. 오늘도 주어진 자리에서 감사하게 하시고, 받은 은혜를 나누며 섬기는 복된 삶을 살게 하소서.

인생을 잘사는 법

오늘의 말씀 전도서 11장 9절
청년이여 네 어린 때를 즐거워하며 네 청년의 날들을 마음에 기뻐하여
마음에 원하는 길들과 네 눈이 보는 대로 행하라
그러나 하나님이 이 모든 일로 말미암아 너를 심판하실 줄 알라

청년의 시기는 인생의 봄과 같다. 에너지가 충만하고, 새로운 시도를 할 기회가 많으며, 세상을 향한 무한한 가능성을 품을 수 있는 특별한 시기다. 청년의 날들은 아직 현실에 찌들지 않았고, 이상을 품을 수 있으며, 실패하더라도 다시 도전할 시간이 남아 있다.

이 시기의 가장 큰 선물은 자유다. 이 자유는 생각의 자유, 행동의 자유, 도전의 자유, 여행의 자유까지 포함된다. 이러한 청년의 자유는 하나님이 허락하신 복이다.

하나님은 청년들이 즐거워하길 원하신다. 젊은 날들을 마음껏 기뻐하며 행하라고 말씀하신다. 이것은 방종이나 제멋대로 살라는 말씀이 아니다. 하나님은 우리가 삶을 누릴 줄 아는 기쁨의 태도를 갖기를 원하신다.

그러나 이 자유로움은 반드시 책임과 함께 가야 한다. 인간은 자유를 누릴 수 있지만 동시에 책임 있는 존재로 부름받았다. 즐거움과 기쁨의 시기에도 경건함을 잃지 말아야 하며, 즐거움이 죄로 빠지는 통로가 되어서는 안 된다. 무분별한 도전, 윤리적 기준을 무시한 성취, 순간의 쾌락을 위한 타협은 결국 하나님의 심판 앞에서 무너진다.

청년은 미래를 계획하고 새 일을 시작하며 스스로 인생의 방향을 그려가는 시기다. 이때 하나님의 뜻 안에서 행하는 것이 중요하다. 자유는 경건한 질서 안에서 누려야 하며, 기쁨은 책임 있는 태도 안에서 지속될 수 있다. 이것이 성숙한 사람의 모습이자 자세다.

성경은 우리에게 금욕적이거나 율법적으로만 살라고 말씀하지 않는다. 특히 전도서는 주어진 시간을 즐기고 누리며 살라고 권한다. 그러나 동시에 모든 행동에 대한 하나님의 심판을 늘 기억하라고 한다.

우리가 누리는 자유와 즐거움도 하나님 안에서 해석되어야 한다. 하나님을 떠난 즐거움은 결국 파멸을 불러온다. 그것은 이 땅에서도 불행한 결과를 낳고, 마지막 날에는 하나님의 심판을 불러온다. 그러므로 즐거운 날을 지나는 동안 우리는 인생의 마지막을 기억하며 살아야 한다.

인생을 잘 사는 길은 하나님 앞에서 즐거움과 책임의 균형을 지키며 삶을 누리는 것이다. 즐겁게 살되 하나님을 잊지 말아야 한다. 마음껏 도전하되 하나님의 기준을 넘어서는 안 된다. 하나님은 우리의 모든 순간을 기억하시고, 책임 있는 기쁨을 통해 더 큰 복으로 인도하신다.

묵상을 위한 질문
삶의 자유와 책임 사이에서 균형을 어떻게 유지하고 있는가?
하나님 앞에서 내 기쁨과 선택이 정당할 수 있도록 점검하고 있는가?

오늘의 기도
제게 주신 자유와 기쁨을 감사히 누리되, 언제나 하나님의 뜻 안에서 책임 있게 살아가게 하소서. 제 삶의 모든 순간이 주님께 영광이 되게 하소서.

너의 창조주를 기억하라

오늘의 말씀 전도서 12장 1-2절

너는 청년의 때에 너의 창조주를 기억하라 곧 곤고한 날이 이르기 전에,
나는 아무 낙이 없다고 할 해들이 가깝기 전에 해와 빛과 달과 별들이 어둡기 전에,
비 뒤에 구름이 다시 일어나기 전에 그리하라

젊음은 분명 축복이다. 건강과 기회, 시간과 가능성이 함께 주어지는 시기이기 때문이다. 무엇이든 도전할 수 있고, 넘어져도 다시 일어설 수 있는 탄력이 있다. 그러나 이 귀한 젊음의 시기에 가장 먼저 기억해야 할 분이 있다. 바로 우리의 창조주 하나님이시다.

세상은 젊을 때 하고 싶은 일과 누려야 할 것들로 가득 차 있다. 그러나 성경은 청년의 때에 먼저 하나님을 기억하라고 명령한다. 누릴 수 있는 이 시기에 하나님 없이 살면 결국 공허하고 허무한 결말을 맞는다. 반대로 젊은 날에 하나님을 위해 사는 선택은 가장 지혜롭고 영원한 결실로 이어지는 투자다.

나이가 들수록 삶은 예기치 못한 방향으로 흘러간다. 본문에서 말하는 "곤고한 날", "해와 빛과 달과 별들이 어둡기 전에"라는 표현은 노년의 육체적 쇠약, 기쁨의 상실, 미래의 불확실함을 상징한다. 그때가 오면 많은 것이 늦고, 다시는 젊은 날처럼 살 수 없다.

삶의 기둥이 흔들리는 시기에도 믿음만은 무너지지 않도록 해야 한다. 그러기 위해서는 지금, 젊을 때 믿음을 다져야 한다. 하나님을 위해

쓰임 받는 삶, 하나님의 일을 먼저 하는 삶이야말로 청년의 때 가장 값진 선택이다. 일, 인간관계, 어떤 영역이라도 결국 영원의 관점에서는 하나님의 기준으로 정리된다.

젊을 때 하나님께 드리는 인생은 결코 손해가 아니다. 오히려 가장 지혜로운 투자다. 어떤 이들은 젊을 때는 마음껏 즐기고 나이 들어 신앙생활 잘하면 된다고 생각한다. 청년의 날에 하나님을 섬기는 것은 낭비라고 여기기도 한다. 그러나 이런 생각이야말로 우매자의 생각이다.

모든 주권은 하나님께 있다. 하나님은 젊어서부터 경외하는 자의 삶을 결코 그냥 두지 않으신다. 반드시 복에 복을 더하신다. 사업의 시작, 경력의 출발, 결혼과 같은 인생의 전환기일수록 창조주를 기억해야 한다. 그분 안에서 삶의 가치가 정해지고, 올바른 성공의 길이 열린다.

젊은 날의 헌신은 영원한 열매로 이어진다. 지금 내게 주어진 시간과 에너지, 재능과 기회는 하나님이 맡기신 귀한 자원이다. 그것을 어디에 쓰느냐가 인생의 무게를 결정한다. 청년의 때, 그리고 여전히 젊은 마음으로 살아가는 지금, 하나님을 가장 먼저 기억하자.

묵상을 위한 질문
시간과 기회를 어디에 가장 많이 사용하고 있는가?
오늘의 선택이 하나님 앞에서 어떤 평가로 남을지 생각하고 있는가?

오늘의 기도
하나님의 뜻을 이루는 데 제 시간을 드리게 하소서. 삶의 끝에서 후회하지 않도록 지금을 지혜롭게 살아가게 하소서.

지금이 소중하다

오늘의 말씀 전도서 12장 3-5절

그런 날에는 집을 지키는 자들이 떨 것이며 힘 있는 자들이 구부러질 것이며
맷돌질 하는 자들이 적으므로 그칠 것이며 창들로 내다 보는 자가 어두워질 것이며 …
또한 그런 자들은 높은 곳을 두려워할 것이며 길에서는 놀랄 것이며
살구나무가 꽃이 필 것이며 메뚜기도 짐이 될 것이며 정욕이 그치리니
이는 사람이 자기의 영원한 집으로 돌아가고 조문객들이 거리로 왕래하게 됨이니라

전도자는 인생을 긴 여정으로 설명하며, 이 여정의 마지막은 누구에게나 예외 없이 찾아오는 늙음과 죽음이라고 강조한다. 그 인생의 흐름 속에서 가장 지혜로운 삶이란 무엇일까? 전도자는 단순히 즐기고 누리는 삶이 아니라, 창조주 하나님을 기억하며 살아가는 삶이야말로 가장 가치 있는 삶이라 말한다.

우리는 누구나 늙어간다. 젊은 날이 영원할 것 같지만, 세월은 어느새 우리를 노년으로 이끌어간다. 오늘 하고 싶은 일을 내일로 미루다 보면, 어느 순간 그 일을 할 힘조차 사라질 수 있다. 늙음은 단지 외모의 변화가 아니라, 마음은 있어도 몸이 따르지 않는 시기다.

그러므로 지금 사랑하고, 지금 섬기고, 지금 나누어야 한다. 하나님이 우리에게 건강과 시간, 재능과 기회를 주셨을 때 그것을 하나님을 섬기고 이웃을 도우며 살아가는 데 써야 한다. 내일은 어떻게 될지 아무도 모르며, 기회는 영원히 기다려 주지 않는다. 지금 하나님을 더 뜨겁게 예배하고, 이웃을 더 진심으로 섬기며, 작은 일에도 최선을 다하는 것이 결국 하나님 앞에서 기억될 영원한 열매다.

인생의 시계는 결코 멈추지 않는다. 젊음도, 건강도, 감각도 시간이 흐르며 서서히 퇴색된다. 전도서는 그 모습을 시적이고도 사실적으로 묘사한다. 눈은 흐려지고, 귀는 어두워지며, 치아는 약해지고, 두 다리는 떨리며, 감각은 무뎌지고, 결국 인생의 감미로움은 사라진다. 이 과정은 자연의 순리이지만, 그 앞에서 우리가 무엇을 준비하며 살아야 하는지를 깨닫는 것이 진정한 지혜이다.

많은 사람이 아름답고 귀한 젊음의 시기를 자기를 위해 사용하지만, 전도자는 지금이 바로 하나님을 위해 살아야 할 시간이라고 강조한다. '나는 아무 낙이 없다'고 말하는 그날이 오기 전에 우리는 최선을 다해 하나님을 섬겨야 한다. 지금의 시간은 결코 반복되지 않는다.

하나님은 우리에게 매일을 선물로 주신다. 이 선물을 어떻게 사용하는지가 우리의 인생을 결정한다. 직장도, 사업도, 가정도 언젠가는 끝이 있다. 젊고 건강할 때 미래를 위한 준비만 하지 말고, 영원한 삶을 위한 준비도 함께해야 한다. 지금 드리는 예배, 지금 베푸는 친절, 지금 드리는 기도와 헌신은 영원 앞에 남을 것이다.

묵상을 위한 질문
지금의 시간을 창조주 하나님을 기억하는 데 어떻게 사용하고 있는가?
나의 젊음과 능력을 누구를 위해, 무엇을 위해 사용하고 있는가?

오늘의 기도
제게 주신 시간을 감사히 여기며 오늘도 창조주를 기억하게 하소서. 젊음이 허락된 지금, 더욱 주님을 위해 열심히 살아가는 삶이 되게 하소서.

달려갈 길을 다 마칠 때

오늘의 말씀 전도서 12장 7-8절

흙은 여전히 땅으로 돌아가고 영은 그것을 주신 하나님께로 돌아가기 전에 기억하라
전도자가 이르되 헛되고 헛되도다 모든 것이 헛되도다

우리의 인생은 유한하다. 젊고 건강한 날이 끝까지 이어질 것 같지만, 결국 누구나 흙으로 돌아가는 날을 맞는다. 전도자는 인생의 수고와 즐거움, 세상의 가치를 다 경험한 후 이렇게 고백한다.

"헛되고 헛되도다. 모든 것이 헛되도다."

예수님 없는 인생은 결국 헛되다. 이것이 그가 마지막으로 전하고자 한 결론이다. 전도자는 인생의 시작과 끝에서 같은 표현을 반복한다. 아무리 잘 살고, 많은 것을 성취했다고 해도 늙음과 죽음 앞에서는 모두 무너진다는 것이다. 하지만 짧은 인생이 여전히 소중한 이유가 있다. 예수님을 만날 수 있는 기회, 예수님을 위해 살 수 있는 기회, 그리고 영원한 생명을 붙잡을 수 있는 기회가 바로 인생이기 때문이다.

사도 바울은 자신의 삶을 온전히 주님께 드렸다. 복음을 전하며 고난을 감수했고, "내게 유익하던 것을 내가 그리스도를 위하여 다 해로 여길 뿐더러"라고 고백했다.

그는 주님을 위한 삶만이 헛되지 않음을 확신했고, 마지막에는 이렇게 말했다. "나는 선한 싸움을 싸우고 나의 달려갈 길을 마치고 믿음을 지켰으니"(딤후 4:7).

바울은 세상의 자랑을 모두 내려놓았다. 그리스도를 알고 난 뒤, 그의 삶은 예수님 안에서 다시 발견되었고, 사명을 이루며 영원한 의미를 가진 인생이 되었다.

선교사 짐 엘리엇(Jim Elliot)의 삶도 같은 증언을 남긴다. 그는 복음을 듣지 못한 부족에게 복음을 전하기 위해 에콰도르로 떠났고, 29세의 젊은 나이에 순교했다. 세상은 그의 죽음을 '헛된 죽음'이라 말했지만, 그는 이렇게 고백했다.

"영원한 것을 얻기 위해 잠시뿐인 것을 버리는 사람은 결코 어리석지 않다." 그의 헌신은 이후 수많은 사람의 마음을 움직였고, 결국 그 부족 전체가 복음을 듣게 되었다.

우리의 삶도 주님 안에 있을 때만 영원한 가치가 있다. 젊고 건강할 때, 아직 에너지가 있을 때, 가진 것이 있을 때 그 모든 것을 주님께 드려야 한다. 그래야 헛되지 않다. 언젠가 이 땅의 여정을 마치고 하나님 앞에 설 때 주님이 기억하시는 삶, 하나님 나라에 흔적을 남긴 삶이 결국 가장 복된 인생이다.

묵상을 위한 질문
나는 지금 어떤 가치를 위해 인생을 쓰고 있는가?
오늘의 선택이 하나님 앞에 섰을 때 의미 있는 선택으로 남을 수 있을까?

오늘의 기도
저의 삶이 예수님 안에서 의미 있게 되기를 소망합니다. 헛된 것을 좇지 않게 하시고, 하나님 앞에 서는 날까지 주님을 위해 살아가게 하소서.

말씀은 잘 박힌 못과 같아서

오늘의 말씀 전도서 12장 11-12절
지혜자들의 말씀들은 찌르는 채찍들 같고
회중의 스승들의 말씀들은 잘 박힌 못 같으니
다 한 목자가 주신 바이니라 내 아들아 또 이것들로부터 경계를 받으라

삶의 여러 갈림길 앞에서 우리는 늘 선택한다. 그 선택은 개인의 인생을 만들고, 기업의 방향을 결정한다. 전도자는 "지혜자들의 말씀"이 어떤 성격을 갖는지 설명한다. 말씀은 때로 우리를 찌르는 채찍 같고, 또 한편으로는 잘 박힌 못과 같다고 한다.

"잘 박힌 못"이라는 표현은 강렬하다. 못은 어떤 물체를 단단히 고정시키는 역할을 한다. 대충 박힌 못은 곧 빠지고 만다. 그러나 잘 박힌 못은 흔들림 없이 중심을 붙들며, 구조 전체를 안정적으로 지탱한다. 하나님의 말씀도 그렇다. 말씀은 우리 마음속에 깊이 박혀 흔들리지 않는 기준이 되어야 한다.

현실 속에서는 수많은 유혹이 우리를 흔든다. 고객이나 거래처의 환심을 사기 위해, 단기간의 성과를 올리기 위해 편법과 타협을 하고 싶은 순간이 있다. 바로 이때 말씀은 기준을 붙드는 못이 된다. 말씀은 우리가 길을 벗어나지 않도록 붙잡아 준다.

'못'은 단순히 고정의 의미만 있지 않다. 잘 박힌 못은 오래도록 자리를 지키며 기초가 무너지지 않게 한다. 기업의 철학, 리더의 가치관, 가족의 신뢰 같은 것들이 바로 그 못과 같다.

이런 기초는 하루아침에 세워지지 않는다. 하나님의 말씀이 중심에 있을 때 비로소 가능하다. 말씀은 삶의 원칙이 되고, 사업의 기초가 되며, 위기를 이겨내는 버팀목이 된다.

말씀은 "한 목자"이신 하나님이 주신 것이다. 하나님은 우리가 기준 없이 흔들리지 않도록 말씀으로 인생의 기둥을 세워 주신다. 그 말씀이 때로는 채찍처럼 아프게 우리를 찌르지만, 그것은 결국 바른길로 이끄시기 위한 하나님의 사랑이다.

전도서의 교훈은 크게 네 가지로 요약할 수 있다.

첫째, 인생은 헛되다. 둘째, 하나님이 주신 분복을 누리며 행복하게 살아야 한다. 셋째, 삶에는 심판이 따른다. 넷째, 가장 잘될 때 다른 사람을 돕고 하나님을 섬기며 살아야 한다.

말씀이 못처럼 우리 마음에 단단히 박혀 있을 때, 세상의 풍파에도 흔들리지 않는다. 오늘 붙든 말씀 한 구절이 내일의 방향을 결정할 수 있다. 그러므로 날마다 하나님의 말씀으로 자신을 붙잡도록 훈련하라.

묵상을 위한 질문
내 삶과 일터를 붙잡아 주는 말씀의 '못'은 무엇인가?
하나님이 채찍처럼 주시는 말씀 앞에서 나는 어떤 태도로 반응하고 있는가?

오늘의 기도
흔들리는 인생 속에서도 하나님의 말씀으로 중심을 붙잡게 하소서. 말씀이 마음에 깊이 박혀 일과 인생에 기준이 되게 하소서.

마지막 당부

오늘의 말씀 전도서 12장 13절

일의 결국을 다 들었으니 하나님을 경외하고 그의 명령들을 지킬지어다 이것이 모든 사람의 본분이니라

인생을 오래 살아 본 사람, 많은 것을 소유해 본 사람, 수많은 성공과 실패를 경험해 본 사람이 마지막에 남기는 말은 결코 가볍지 않다. 전도서의 저자 솔로몬은 지혜와 번영, 쾌락과 성취를 모두 경험한 인물이다. 그런 그가 인생의 끝에서 남긴 결론은 명확하다. 바로 하나님을 경외하고 그의 명령을 지키는 것이 인간의 본분이라는 것이다. '본분'은 사람이 태어나서 반드시 지켜야 할 기본적인 책임이다. 아무리 많은 것을 이루었다 해도 하나님 앞에서 본분을 잃은 삶은 결국 헛된 삶이다.

하나님을 경외한다는 것은 단순히 두려워하는 태도가 아니다. 삶의 중심에 하나님을 두고 그분의 뜻에 맞추어 살아가는 태도를 뜻한다. 그렇다면 어떻게 해야 하나님을 경외하는 삶을 살 수 있을까.

첫째, 말씀을 가까이하라. 성경은 하나님의 뜻이 기록된 확실한 책이다. 날마다 말씀을 묵상하고 그 말씀에 순종하려는 결단의 삶이 하나님을 경외하는 출발점이다.

둘째, 기도로 하나님과 친밀하게 교제하라. 사업의 계획이나 인생의 중요한 결정 앞에서 먼저 하나님의 뜻을 묻는 습관이 필요하다. 성공보다 인도하심을 더 귀하게 여기는 태도가 경외의 시작이다.

셋째, 공정하고 정직하게 살라. 거래에서 약속을 지키고, 사람을 공평하게 대하며, 때로는 손해 보더라도 옳은 선택을 하는 태도는 하나님을 의식하는 삶이다.

넷째, 시간과 재정을 하나님께 구별하여 드려라. 예배를 우선순위에 두고, 헌금과 구제를 기쁨으로 실천하는 삶은 하나님을 주인으로 인정하는 표현이다.

다섯째, 하나님의 시선으로 사람을 대하라. 긍휼과 공의로 이웃을 섬기고 돌아보는 삶은 하나님을 경외하는 구체적인 모습이다.

죽음 앞에서는 모든 성공이 멈춘다. 아무리 큰 기업을 세우고 존경받는 인물이 되어도 결국 남는 것은 영원한 것을 위해 살아온 흔적뿐이다. 죽음은 인간의 업적을 압축해 삶의 본질만 남게 한다. 하나님을 경외하고 그분의 명령을 지키는 것만이 우리 삶의 기반이자 평안을 만들어내는 힘이다. 이것이 우리 평생을 붙드는 힘이며 우리의 본분이다.

묵상을 위한 질문
일상 속에서 하나님을 경외하는 삶을 어떻게 실천하고 있는가?
내 인생의 마지막 순간, 하나님 앞에서 부끄럽지 않게 평가받을 수 있을까?

오늘의 기도
제 삶의 중심이 하나님을 경외하고 말씀을 지키는 데 머물게 하소서. 모든 결정 앞에서 하나님의 시선을 기억하고, 제 본분을 끝까지 다하는 지혜를 주소서.

사명선언문

너희가 흠이 없고 순전하여……세상에서 그들 가운데 빛들로
나타내며 생명의 말씀을 밝혀 _ 빌 2:15-16

1. 생명을 담겠습니다
만드는 책에 주님 주신 생명을 담겠습니다.
그 책으로 복음을 선포하겠습니다.

2. 말씀을 밝히겠습니다
생명의 근본은 말씀입니다.
말씀을 밝혀 성도와 교회의 성장을 돕겠습니다.

3. 빛이 되겠습니다
시대와 영혼의 어두움을 밝혀 주님 앞으로 이끄는
빛이 되는 책을 만들겠습니다.

4. 순전히 행하겠습니다
책을 만들고 전하는 일과 경영하는 일에 부끄러움이 없는
정직함으로 행하겠습니다.

5. 끝까지 전파하겠습니다
모든 사람에게, 땅 끝까지, 주님 오시는 그날까지
복음을 전하는 사명을 다하겠습니다.

서점 안내

광화문점 서울시 종로구 새문안로 69 구세군회관 1층
02)737-2288 / 02)737-4623(F)

강남점 서울시 서초구 신반포로 177 반포쇼핑타운 3동 2층
02)595-1211 / 02)595-3549(F)

구로점 서울시 동작구 시흥대로 602, 3층 302호
02)858-8744 / 02)838-0653(F)

노원점 서울시 노원구 동일로 1366 삼봉빌딩 지하 1층
02)938-7979 / 02)3391-6169(F)

일산점 경기도 고양시 일산서구 중앙로 1391 레이크타운 지하 1층
031)916-8787 / 031)916-8788(F)

의정부점 경기도 의정부시 청사로47번길 12 성산타워 3층
031)845-0600 / 031)852-6930(F)

인터넷서점 www.lifebook.co.kr